北京仲裁

BEIJING ARBITRATION QUARTERLY

北京仲裁委员会
Beijing Arbitration Commission
北京国际仲裁中心
Beijing International Arbitration Center

第 116 辑（2021年第2辑） Vol. 116（2021, No. 2）

主　办：北京仲裁委员会／北京国际仲裁中心
协　办：中国国际私法学会
武汉大学国际法研究所

中国法制出版社
CHINA LEGAL PUBLISHING HOUSE

目录

特载

专论

ADR 专栏

Contents

中国国际投资仲裁年度观察（2021）

池漫郊* 任 清**

一、概述

投资仲裁是指外国投资者与东道国政府之间因为与投资有关的争议而进行的仲裁。随着中国在国际和国内投资治理的实践不断丰富，中国也在缔结国际投资协定方面谈判取得进展，相关国内立法也日趋完善。与此同时，外国投资者针对中国政府和中国投资者对外国政府提起的投资仲裁案件也不断增长，社会各界对于投资仲裁的关注日益增多。

在上述背景下，回顾和梳理中国2020年在国际投资治理方面的缔约实践及争端解决实践是有必要的。

本文第二部分回顾了2020年中国缔结投资协定的实践，包括双边投资协定和自由贸易协定投资章节或投资议题的谈判实践，介绍了《区域全面经济伙伴关系协定》（Regional Comprehensive Economic Partnership，RCEP）的签署、《中欧全面投资协定》谈判完成，以及中国与白俄罗斯等国对投资或贸易协定谈判进展的情况，并重点关注其中有关投资议题的规定。

* 池漫郊，对外经济贸易大学法学院教授、博士生导师。

** 任清，环球律师事务所合伙人。

环球律师事务所的徐征律师、霍凝馨律师以及对外经济贸易大学法学院的硕士研究生陆倩雯、徐航、张宇通和本科生俸文彦为本文写作提供了帮助，作者在此表示感谢。除非另有说明，本文所引的所有相关信息采集均截至2021年4月30日。

第三部分梳理了截至2021年3月中国政府被诉的7起案件和中国投资者起诉的14起投资争端案件的简要情况，[①] 尤其介绍了2020年新增案件或重大投资争议事件的背景信息以及程序进展，并分析了这些案件的几点共性问题。

第四部分对于2020年中国在外商投资领域的重要立法和政策进行了梳理，重点介绍了《外商投资法》及其实施条例和司法解释、《外商投资企业投诉工作办法》和《外商投资安全审查办法》的主要内容和意义。

第五部分梳理了中国国内与投资争端有关的争议解决情况，包括外商投资企业或其投资者提起行政诉讼和申请行政复议的案件情况，以及外商投诉协调机制的运行情况等。我们认为，对以上情况进行统计分析，有助于掌握涉及外资的纠纷类型及其成因，从而化解潜在的国际投资争端。

第六部分介绍了投资者与国家间争端解决（ISDS）机制改革的进展情况，包括联合国国际贸易法委员会（贸法会/UNCITRAL）主持的ISDS改革讨论，及世界银行国际投资争端中心（ICSID）规则修订的第四版工作文件。重点梳理了贸法会在2020年讨论的主要议题及中国在其立场文件中相应的观点，[②] 以及中国对ICSID第四版工作文件的评论和建议。[③]

第七部分梳理了2020年度中国仲裁机构、仲裁员和律师参与投资仲裁的情况。2020年以来，中国逐渐加强加深对国际投资仲裁的参与。

二、中国缔结投资协定的最新实践

国际投资仲裁的主要依据是投资协定，[④] 包括双边投资协定、自由贸易协定（以下简称自贸协定）等。依据联合国贸易与发展会议（UNCTAD）的统计，截至2021年4月15日，我国共签署了145个双边投资协定，其中19个协定

---

① 案件信息介绍的部分包括华为提起争议通知、香港投资者提起争议通知、瑞士投资者对中国提起争议通知等，但因为尚未开始仲裁，所以所有统计都不包括这些争议通知。

② 中国立场文件请参见：https://uncitral.un.org/en/working_groups/3/investor-state。

③ 参见ICSID，"对第四次修订版本的评论"，https://icsid.worldbank.org/sites/default/files/amendments/Compendium%20of%20State%20Comments%20on%20Proposed%20Amendments%20to%20the%20ICSID%20Rules%20-WP%20%23%204%20-%20As%20of%202021.03.23.pdf。

④ 据ICSID对其受理仲裁案件的统计，截至2020年底，77%的案件依据投资协定（包括双边投资协定、《北美自由贸易协定》、《能源宪章条约》等）提起，15%的案件依据外国投资者与东道国签订的投资合同提出，8%的案件依据东道国的法律提起。

已经签署但未生效，另19个协定则已终止，目前有效的协定为107个；此外，我国还签署了23个包含投资章节会规定的各类贸易协定，其中5个协定签署但未生效，目前有效的协定为18个。[①]

2020年，我国在对外经贸合作方面取得一系列积极进展，其中不乏投资协定方面的新成果，最令人瞩目的成果当属《区域全面经济伙伴关系协定》的签署和《中欧全面投资协定》谈判完成。2020年11月15日，历时8年谈判的RCEP终于正式签署，形成世界上人口最多、经贸规模最大的自由贸易区，该协定中包含投资章节，对促进双向投资，提升投资环境具有重要意义。在2020年12月30日，历经7年35轮谈判，中国与欧盟共同宣布中欧投资协定如期结束谈判，双方将达成一项全面、平衡、高水平的投资协定，为中欧相互投资带来光明的合作前景。

（一）双边投资协定

2020年中国（含香港特别行政区）的多项双边投资协定谈判取得积极进展，同时也有多项投资协定最终正式生效。

1.《中欧全面投资协定》谈判完成

最引人注目的是中国与欧盟于12月30日共同宣布如期完成《中欧全面投资协定》谈判。该协定是欧盟在2009年《里斯本条约》生效后签订的第一份投资协定。在之前25轮谈判的基础上，中国与欧盟在2020年间总共开展了10轮中欧投资协定谈判，谈判主要围绕文本和清单展开。[②]商务部称《中欧全面投资协定》对标国际高水平经贸规则，着眼于制度型开放，是一项平衡、高水平、互利共赢的协定。根据欧盟公布的原则议定文本（Agreement

---

① 我国签署的国际投资协定可以参见：https://investmentpolicy.unctad.org/international-investment-agreements/countries/42/china（最后访问时间：2021年4月15日）。

② 商务部关于中欧双边投资协定第26轮至第35轮谈判的公告请见：http://www.mofcom.gov.cn/article/ae/ai/202001/20200102931008.shtml，http://www.mofcom.gov.cn/article/ae/ai/202003/20200302942627.shtml，http://www.mofcom.gov.cn/article/ae/ai/202004/20200402957737.shtml，http://www.mofcom.gov.cn/article/ae/ai/202005/20200502968456.shtml，http://www.mofcom.gov.cn/article/ae/ai/202007/20200702979812.shtml，http://www.mofcom.gov.cn/article/ae/ai/202007/20200702985946.shtml，http://www.mofcom.gov.cn/article/ae/ai/202009/20200903004243.shtml，http://www.mofcom.gov.cn/article/news/202010/20201003010445.shtml，http://www.mofcom.gov.cn/article/ae/ai/202011/20201103017272.shtml，http://www.mofcom.gov.cn/article/news/202012/20201203022624.shtml（最后访问时间：2021年4月15日）。

in principle），该协定以“中欧全面投资协定”（EU-China Comprehensive Agreement on Investment，CAI）为名，包括以下章节：前言、目标和定义、投资自由化、监管框架、投资和可持续发展、争端解决、机构规定，另外还附有以下附件：补充透明度的规定、国家间争议解决程序规则、国家间争议仲裁庭和调解员的行为守则。①

对中国而言，《中欧全面投资协定》在很大程度上是一份具有里程碑意义的国际投资协定。首先，该协定明确了市场准入的相关规定，在“锁定”欧盟对中国的市场开放之外，明确了中国对欧盟的市场开放承诺，尤其是服务业市场开放，比如金融及空运等领域。其次，该协定首次纳入了专门的“投资和可持续发展”章节。尽管我国不少投资协定均纳入了环境保护及劳工权利保护等条款，但在国际投资协定以专章形式纳入可持续发展章节规定对中国而言还是首次。尽管目前《中欧全面投资协定》尚未正式签署，但该协定对于中国未来缔结国际投资协定可能的影响不容忽视。

值得注意的是，目前欧盟公布的协定主要涉及投资自由化，并没有关于投资保护和ISDS的内容，但是双方同意在协定签署后的两年内完成关于投资保护和投资争议解决的谈判。欧盟在ISDS改革中主张建立两级审裁的多边投资法院体系，而中国在向联合国国际贸易法委员会（以下简称贸法会）第三工作组提交的立场文件中表明支持建立常设上诉机制。由此可见，双方对ISDS机制的改革方向存在共识，即都主张结构性改革，建立常设上诉机制，但是仍存在一定分歧。因此，未来双方将如何协调彼此不同的ISDS改革立场、在《中欧全面投资协定》中纳入怎样的ISDS机制值得关注。

2.《中国—白俄罗斯服务贸易与投资协定》谈判启动

2020年4月30日，中国商务部部长钟山与白俄罗斯驻华大使斯诺普科夫在京签署了《中华人民共和国商务部与白俄罗斯共和国经济部关于〈中国—白俄罗斯服务贸易与投资协定〉联合可行性研究的谅解备忘录》，决定开展商签服务贸易与投资协定的联合可行性研究工作。本协定致力于为两国投资者提供更加透明和便利的投资环境，为两国推进相互信任、合作共赢的全面战略伙伴关系注入新的动力。2020年12月14日，中国和白俄罗斯在政府间合作

① 欧盟公布的《中欧全面投资协定》原则议定文本内容请见：https://trade.ec.europa.eu/doclib/press/index.cfm?id=2237（最后访问时间：2021年4月15日）。

委员会第四次会议期间正式签署《中华人民共和国商务部和白俄罗斯共和国经济部关于启动〈中国与白俄罗斯服务贸易与投资协定〉谈判的联合声明》。[①] 中白双方未来将围绕相关议题开展谈判，以期达成全面、高水平、与世界贸易组织规则相一致的协定。由于谈判刚刚启动，协定内容仍在商讨，相关投资保护条款内容以及是否规定 ISDS 条款仍不明确。

3.《中国香港与澳大利亚投资协定》生效[②]

2020 年 1 月 17 日，《中国香港与澳大利亚自由贸易协定》及其相关联的《投资协定》正式生效。《投资协定》更新了澳大利亚和中国香港之间现行的投资规则，原 1993 年《澳大利亚政府与香港政府促进和保护投资协定》则终止。该协定包含投资保护条款，相关条款反映了投资规则的当代发展，保护双方的投资者，协定中具体规定了最低待遇标准、征收赔偿以及非歧视性待遇等。

《投资协定》包含 ISDS 机制，这使澳大利亚和中国香港的投资者可以利用投资仲裁来解决纠纷。与 1993 年的《投资协定》相比，根据该《投资协定》第 24 条，投资者可以按照《UNCITRAL 仲裁规则》的投资仲裁，也可以将纠纷提交给其他仲裁机构按照其仲裁规则进行解决。《投资协定》第 25 条还规定了针对金融服务领域的投资争议的特殊要求，如要求此类争议案件中的仲裁员必须具有金融服务法律方面的专长或者经验。此外，《投资协定》细致地规定了 ISDS 相关程序方面，如允许利益相关的非争议方提交意见，设置管辖权异议裁定的快速程序等。总体来说，相较于 1993 年的投资协定，现行《投资协定》的 ISDS 条款更为具体、细致、全面。

4.《中国香港与阿联酋投资协定》生效[③]

2020 年 3 月 6 日，中国香港与阿拉伯联合酋长国（阿联酋）的促进和保护投资协定生效。该协定规定，双方须为对方投资者的投资给予公正公平待遇、充分保护和保障待遇、非歧视性待遇；在征收投资时作出赔偿；以及容许投资和收益自由转移至外地。关于 ISDS，该协定规定了作为仲裁的前置程序

① 商务部关于《中国—白俄罗斯服务贸易与投资协定》谈判启动的公告请见：http://www.mofcom.gov.cn/article/news/202012/20201203022753.shtml（最后访问时间：2021 年 4 月 15 日）。

② 香港特别行政区政府工业贸易署关于《中国香港与澳大利亚投资协定》的谈判及签署的公告请见：https://www.tid.gov.hk/tc_chi/ita/ippa/index.html（最后访问时间：2021 年 4 月 15 日）。

③ 香港特别行政区政府工业贸易署关于《中国香港与阿联酋投资协定》的谈判及签署的公告请见：https://www.tid.gov.hk/tc_chi/ita/ippa/index.html（最后访问时间：2021 年 4 月 15 日）。

的东道国要求下的强制和解程序。该协定规定投资者与东道国之间的投资争议如果未能通过友好解决，则在缔约一方提出要求时，须把争端提交至该缔约一方的主管当局或仲裁中心进行和解。此和解前置的要求无法通过最惠国待遇绕开，因为该协定的最惠国待遇条款明确排除向缔约另一方的投资者提供协定以外的争端解决程序。

（二）自贸协定

2020年，中国签署了多项区域或双边自贸协定，同时继续推进多项自贸协定的谈判，投资章节是这些协定的重要部分。

1.《区域全面经济伙伴关系协定》签署[①]

2020年11月15日，RCEP第四次领导人会议期间，在国务院总理李克强和其他与会领导人集体见证下，商务部部长钟山代表中国政府与东盟十国及中、日、韩、澳、新西兰的贸易部长共同签署RCEP。RCEP是一项旨在扩大和加深中国、东盟十国、澳大利亚、日本、韩国和新西兰之间的经贸合作的协定。RCEP成员国约占全球GDP的30%和世界人口的30%，RCEP因此成为世界上人口最多、经贸规模最大的自由贸易区。RCEP致力于建立现代、全面、高质量和互利的经济伙伴关系，促进区域贸易、扩大投资，为全球经济增长和发展作出贡献。

RCEP包括20个章节，涵盖货物贸易、服务贸易、投资等方面，是一份全面、现代、高质量、互惠的自贸协定。在RCEP第十章（投资章节）规定了投资保护、投资自由化、投资促进、投资便利化等条款，是对原“东盟10+1自由贸易协定”投资规则的整合和升级。在投资保护方面，协定规定了国民待遇、最惠国待遇、公平公正待遇、充分保护和安全待遇、征收等条款。在投资自由化方面，协定规定了禁止业绩要求、投资负面清单（适用棘轮机制）、高级管理人员和董事会、转移等条款。在投资促进方面，协定规定了缔约方应通过多种方式努力促进和提高本地区作为投资地区的认知。在投资便利化方面，协定主要包含争端预防和外商投诉的协调解决机制等内容。此外，RCEP的投资章节还附有缔约各方不符措施承诺表。

RCEP的投资章节对投资作出全面安排，但目前的协定文本中并未包含

① 商务部关于RCEP谈判及签署的公告请见：http://fta.mofcom.gov.cn/rcep/rcep_new.shtml（最后访问时间：2021年4月15日）。

ISDS条款。根据RCEP第十章“投资”第18条“工作计划”的规定，缔约方在不损害其各自立场的前提下，将在协定生效之日后的两年内讨论缔约方与另一缔约方投资者之间投资争端的解决，讨论限期三年，讨论的结果须经全体同意。因此，来自RCEP缔约国的投资者对另一缔约国的争端仍然按照现有的BIT进行投资争端解决。不过，目前RCEP第十九章“争端解决”中规定了缔约国之间的争端解决机制，这对投资者来说也不失为一种办法。根据RCEP第十九章“争端解决”第3条第1款第2项，若一缔约方认为另一缔约方的措施与协定项下的义务不相符或者另一缔约方未履行本协定项下的义务的，可以提交第十九章的争端解决机制解决，因此第十章“投资”章节项下的投资保护义务也在RCEP争端解决机制的管辖范围中。

2.《中国—柬埔寨自由贸易协定》签署[①]

中国与柬埔寨在2020年1月20日开始自贸协定的第一轮谈判。随后，双方又进行了两轮谈判，最后双方于2020年7月20日共同宣布完成《中国—柬埔寨自由贸易协定》(以下简称《中柬自贸协定》) 谈判。2020年10月12日，商务部部长钟山与柬埔寨商业大臣潘索萨分别在北京与金边代表中柬两国政府，通过视频正式签署《中柬自贸协定》。

《中柬自贸协定》覆盖“一带一路”倡议合作、货物贸易、原产地规则、海关程序和贸易便利化、技术性贸易壁垒、卫生与植物卫生、服务贸易、投资合作、经济技术合作、电子商务等领域。由于商务部尚未公布该自贸协定的具体内容，笔者无法对协定中涉及“投资”的规定展开具体分析，但商务部负责人表示，在投资领域，《中柬自贸协定》以加强投资合作为重点，同时强调便利双向投资，加强投资一站式安排。此外，《中柬自贸协定》还倡导绿色投资，投资前需要进行环境影响评估和社会影响评估。《中柬自贸协定》的签署标志着两国进入全面战略合作伙伴关系的新纪元，双方通过经贸合作共同建设“一带一路”，为中国与柬埔寨企业带来更多机会与利益。

3.《中国—韩国自由贸易协定》第二阶段谈判[②]

根据《中国—韩国自由贸易协定》(以下简称《中韩自贸协定》) 第22.2条，

① 商务部关于《中柬自贸协定》谈判及签署的公告请见：http://fta.mofcom.gov.cn/cambodia/cambodia_special.shtml（最后访问时间：2021年4月15日）。

② 商务部关于《中韩自贸协定》第二阶段谈判的公告请见：http://fta.mofcom.gov.cn/korea_phase2/korea_phase2_special.shtml（最后访问时间：2021年4月15日）。

缔约方将在第二阶段谈判修订服务贸易和投资相关章节和对应附件。2017年12月14日，中韩两国签署了《关于启动中韩自贸协定第二阶段谈判的谅解备忘录》，中韩自贸协定第二阶段谈判正式启动，双方将修订服务贸易和投资相关章节内容，以不断加强两国在贸易与投资上的合作。2020年7月20日，《中韩自贸协定》第二阶段第八轮谈判以视频方式进行，双方政府代表团共有20余人参加谈判。在此轮谈判中，双方重点就服务、投资、金融章节和市场开放展开磋商。2020年8月1日，中韩经贸联委会第24次会议在青岛市举行，双方同意推进中韩自贸协定第二阶段谈判，深化贸易投资合作。

4.《中国—挪威自贸协定》谈判[①]

中国与挪威于2020年9月及10月举行了两次自贸协定首席谈判代表视频会议。双方展开深入磋商，就多个议题取得共识。“投资”议题是中挪自贸协定谈判的重要议题之一，在双方之前几轮的谈判中均有涉及。中挪双方认为，为了共同抗击疫情、支持自由贸易和多边主义和恢复经济增长，应当加快自贸协定的谈判，为此双方致力于尽早结束谈判。目前商务部尚未就“投资”议题下谈判的具体内容进一步披露。

三、中国政府被诉和中国投资者起诉的投资仲裁案件

（一）概况

本章将梳理涉及中国[②]或中国投资者[③]的投资仲裁案件，并简要介绍上述案件于2020年的主要进展。这些案件包括机构仲裁和非机构仲裁，由位于美国华盛顿特区的国际投资争端解决中心（ICSID）受理或由位于荷兰海牙的常设仲裁法院（PCA）管理，案件适用的仲裁规则包括《ICSID公约》和《ICSID仲裁规则》（以下简称ICSID规则）以及《联合国国际贸易法委员会仲裁规则》（以下简称贸法会规则）等。

1. 涉及中国的投资仲裁案件

截至2021年3月，以中国作为被申请人的已公开国际投资仲裁案共有7

---

① 商务部关于《中挪自贸协定》谈判的公告请见：http://fta.mofcom.gov.cn/norway/norway_special.shtml（最后访问时间：2021年4月15日）。

② 包括香港、澳门和台湾地区。

③ 包括香港、澳门和台湾地区的投资者。

起（见附件一），[①] 均是根据中国对外签订的双边投资协定提起的案件[②]。没有依据投资合同或东道国法律提起的案件，也没有依据中国对外签订的自由贸易协定（含投资章节）提起的案件。7 起案件中，至少有 5 起案件适用的仲裁规则为 ICSID 规则。以下，我们将从程序开始的年份、申请人及其国籍国情况、管辖权依据、实体争议涉及领域、案件结果等角度梳理这些案件。

从程序开始的年份看，2010 年（含）以前，中国未曾被提起投资仲裁案件。从 2011 年开始的六年时间里，中国分别在 2011 年和 2014 年被提起 1 起案件，随后各有两年没有被诉案件，相当于每三年 1 起案件。2017 年出现第 3 起案件后，仅隔一年即于 2019 年出现第 4 起案件，呈现增加之势。而 2020 年一年已公开的投资仲裁案件达到 3 起，呈加速增长态势。

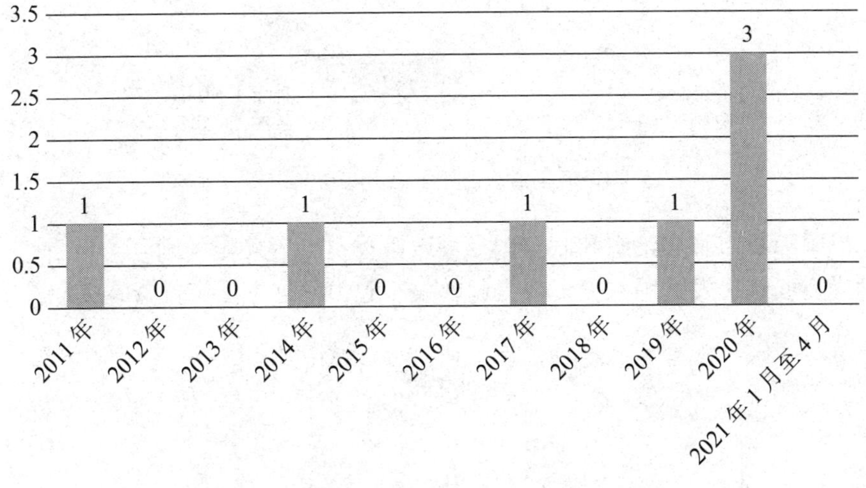

2011 年至 2021 年间中国作为被申请人被提起投资仲裁案件数量统计图

已知 7 起案件中投资者的国籍分布情况与我国外资来源分布情况基本一致。根据中国商务部发布的《中国外资统计公报（2020）》，2019 年，（除港澳台地区外的）外商投资实际投入金额排名前 10 位的国家（或地区）分别是新加坡、韩国、英属维尔京群岛、日本、美国、开曼群岛、荷兰、德国、萨摩

① 此外，以中国台湾作为被申请人的已公开国际投资仲裁案件还有 1 起，即 Surfeit Harvest Investment Holding Pte Ltd v. Republic of China（Taiwan）。

② 尚未公开仲裁依据的宋宇诉中国案（Yu Song v. China）除外。

亚以及英国。[①] 已知 7 起案件中，由上述 10 个国家的投资者提起的投资仲裁案件有 6 起，其中新加坡投资者提起的案件有 2 起，韩国、日本、德国和英国投资者各提起 1 起，另外 1 起案件由马来西亚投资者提起。从地域范围上看，亚洲投资者提起的案件有 5 起，占比 71%，欧洲投资者提起的案件有 2 起，占比 29%。目前尚没有北美洲、南美洲、大洋洲、非洲投资者对中国提起投资仲裁。

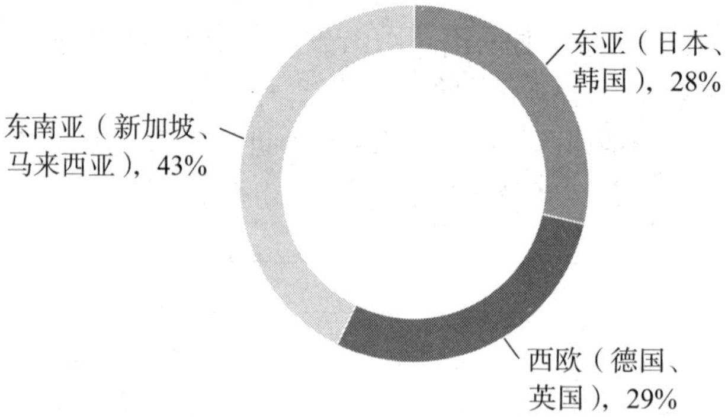

中国作为被申请人被提起投资仲裁案件投资者统计图（国籍）

以国际货币基金组织和联合国发展政策委员会等确定的国家类型看，7 起案件中有 6 起由发达国家投资者提起，仅 1 起由发展中国家投资者提起。

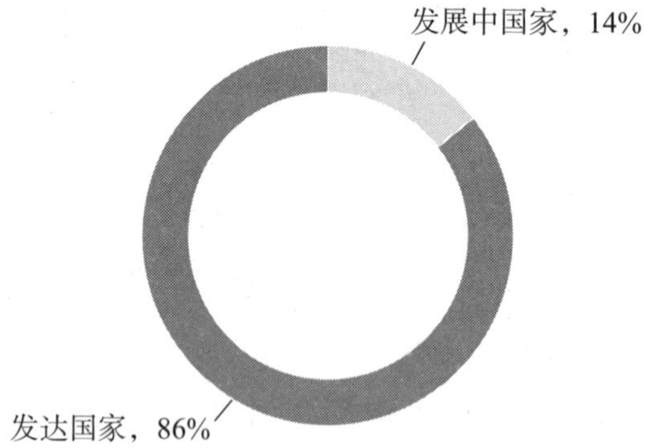

中国作为被申请人被提起投资仲裁案件投资者统计图（国籍国类型）

① 中国商务部：《中国外资统计公报（2020）》，http://images.mofcom.gov.cn/wzs/202011/20201111182920243.pdf（最后访问时间：2021 年 4 月 15 日）。

进一步观察对中国提起投资仲裁的投资者类型，可以发现，迄今为止没有大型的跨国企业对中国提起过投资仲裁。现有7起案件中，除了2020年新增的亚化集团等诉中国案是由新加坡凯利板上市企业提起之外，其余6起案件均由相对小型的企业或自然人提起。这或许是由于经营状况良好的大型跨国企业并不愿意冒险破坏其在中国的长远经营发展，因此选择其他途径寻求合理救济。

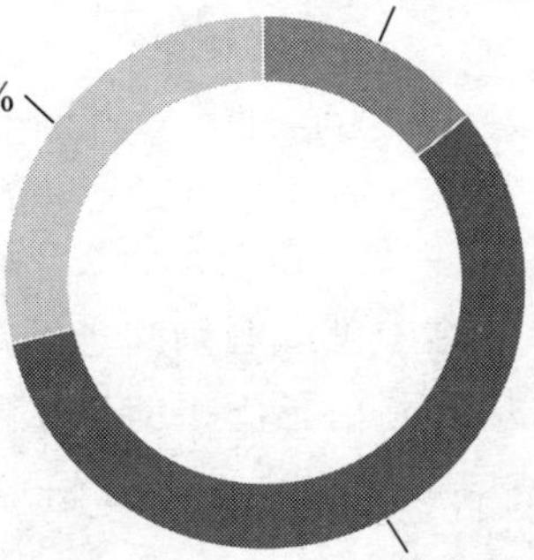

中国作为被申请人被提起投资仲裁案件投资者统计图（企业类型）

首先，从案件的管辖权依据来看，7起案件中除了安城诉中国案、海乐诉中国案以及宋宇诉中国案（该案管辖权依据尚未公开）以外，余下4起案件均是依据中国早期对外签订的双边投资协定提起的。在这类投资协定中，东道国均仅同意投资者将某种特定的争议提交投资仲裁，例如同意投资者就“关于由征收、国有化或其效果相当于征收、国有化的其他措施发生的补偿款额的争议”提交国际仲裁庭。安城诉中国案和海乐诉中国案所依据的双边投资协定中，东道国则是全面接受国际仲裁管辖，同意投资者将与投资有关的全部争议提交国际仲裁。7起已知案件体现出的管辖权依据分布情况与我国条约缔结实践基本一致：根据有关统计，在我国现存有效的双边投资协定中，限制东道国仲裁同意的协定约占60%。[①]

① 例如，Li, Y., Bian, C. China's Stance on Investor-State Dispute Settlement：Evolution，Challenges，and Reform Options. *Neth Int Law Rev* 67，503-551（2020）. https://doi.org/10.1007/s40802-020-00182-3（最后访问时间：2021年4月15日）。

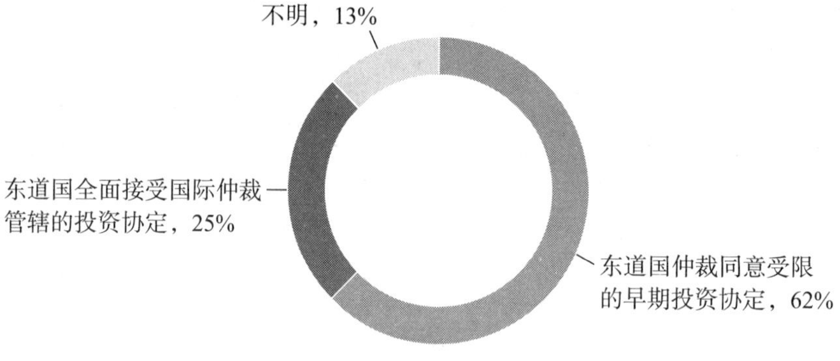

中国作为被申请人被提起投资仲裁案件的管辖权依据

其次，从案件实体争议涉及的领域来看，7起案件中，涉及房地产有关争议的至少有5起。公开信息中可以明确知悉不涉及房地产争议的案件仅有亚化集团等诉中国案，而从公开信息尚不能确认宋宇诉中国案涉及的争议类型。其余案件的实体问题均不同程度地涉及房地产开发或土地使用权有关争议。

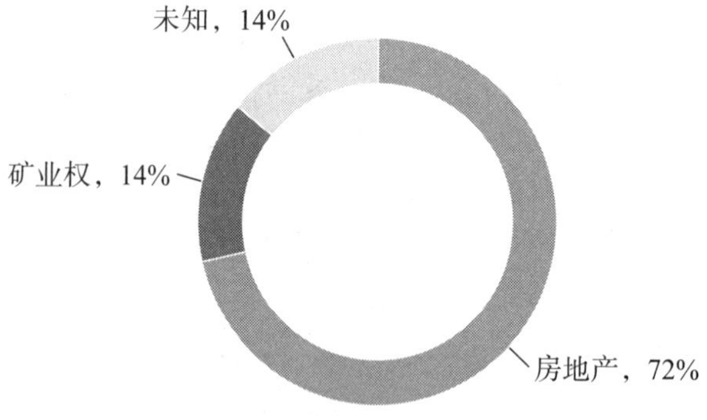

中国作为被申请人被提起投资仲裁案件争议领域

最后，从这7起案件的审理情况来看，已审结的案件仅有2起，未审结的案件则有5起。2起已审结的案件中，1起案件通过和解结案，1起案件被仲裁庭“早期驳回”。5起尚未审结的案件中，1起案件进入实体审理阶段，1起案件程序中止审理，1起案件仍处于组庭阶段，另有2起案件的具体信息未公开。换言之，至今尚无中国政府在管辖权或实体上败诉的案件。

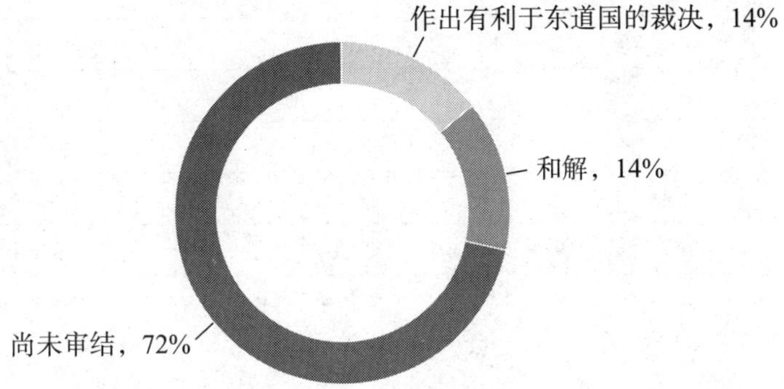

中国作为被申请人被提起投资仲裁案件结果

除上述 7 起已经审结或尚在审理中的案件外，2020 年度涉及中国的投资仲裁事件包括：2020 年 11 月 12 日，瑞士投资者 Eugenio Montenero 依据《中华人民共和国政府和瑞士联邦委员会关于促进和相互保护投资协定》[以下简称中国—瑞士 BIT（2009）] 对中国提出书面磋商请求。根据中国—瑞士 BIT（2009）的规定，如果自书面请求磋商之日起 6 个月内仍没有结果，投资者可以将争议依据 ICSID 规则提交仲裁，或依据贸法会规则提交临时仲裁。

2. 涉及中国投资者的投资仲裁案件

截至 2021 年 3 月，中国投资者作为申请人共提起了 14 起国际投资仲裁案件（见附件二）。这 14 起案件中，除了 2 起案件根据香港特别行政区政府对外签订的双边投资协定提起，2 起是由渣打银行（香港）依据投资合同提起以外，余下 10 起均是依据中国对外签订的双边投资协定提起。在这 10 起案件中，有 3 起是由香港、澳门地区投资者提起的案件。以下，我们将从程序开始的年份、被申请人情况、申请人情况、管辖权依据、实体争议涉及领域、案件结果等角度梳理这些案件。

从程序开始的年份看，自 2007 年出现中国投资者提起的第一起投资仲裁案件以来，除 5 个年份外，每年至少会新增 1 起或 2 起由中国投资者提起的投资仲裁案件。2020 年新增案件至少为 2 起 [香港投资者（未公开）诉日本案程序开始年份未知，或为 2020 年]，为历年来最高。

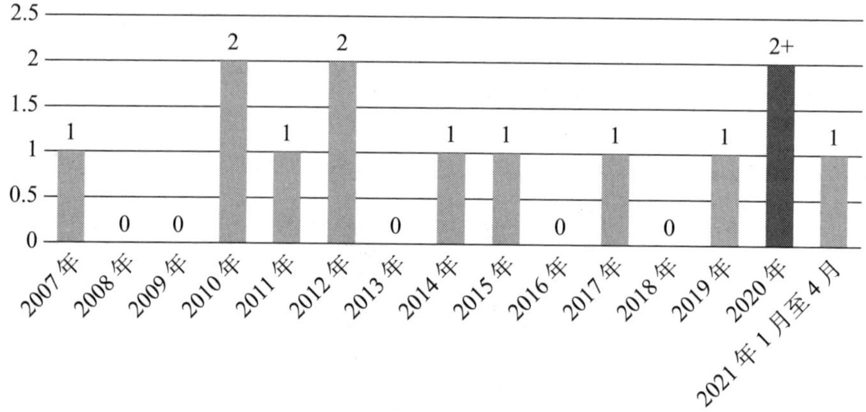

2007 年至 2021 年间中国投资者作为申请人提起的投资仲裁案件数量统计图

如果仅讨论中国大陆投资者提起投资仲裁案件的情况则可以发现，中国大陆投资者提起投资仲裁案件的时间较晚，但近年来呈明显上升趋势。2010 年，北京首钢对蒙古提起临时仲裁（PCA 管理），这是第一起已知的中国大陆投资者提起的投资仲裁案件。随后，北京城建和中国平安分别于 2012 年和 2014 年对也门和比利时提起投资仲裁。根据公开信息，2015 年到 2018 年间，无其他中国大陆投资者正式提起过投资仲裁案件。从 2019 年开始，更多中国企业开始尝试通过投资仲裁解决与东道国的争议，也有一些案件正式进入仲裁程序：2019 年，两家中国企业对希腊提出仲裁通知（后又于同年撤回仲裁通知）；2020 年，中国公民 Fengzhen Min、Wang King 等分别对韩国、乌克兰提起投资仲裁；同年底，华为向瑞典提交争议通知；[①]2021 年 1 月，据报道又有一家中国企业对加纳提起投资仲裁。

① 根据中国—瑞典 BIT 议定书，东道国同意在一国投资者提出书面争议通知三个月后争议仍未解决的情况下，将争议提交机构或临时仲裁。2020 年 12 月 31 日，iareporter 报道了华为已依据中国—瑞典 BIT 提起争议通知，但公开信息显示，华为尚未提交仲裁通知，因此我们并未将华为提起的争议通知统计为投资仲裁案件。

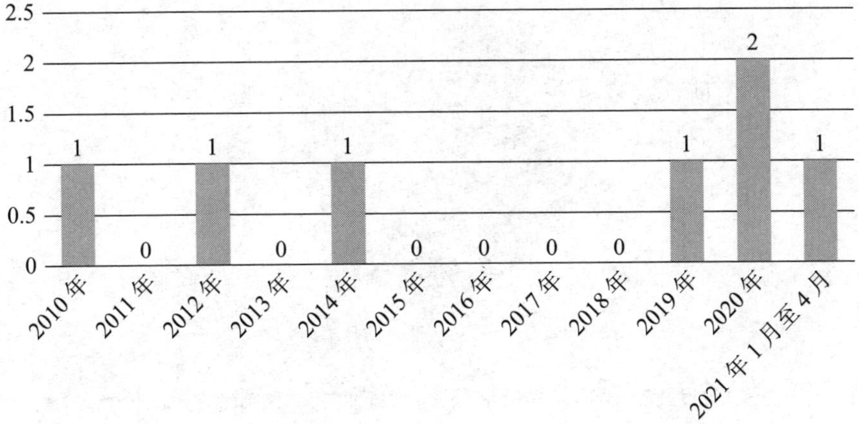

2010 年至 2021 年间中国大陆投资者作为申请人提起的投资仲裁案件数量统计图

从被申请人国籍分布情况来看，由中国大陆投资者提起的投资仲裁案中，86% 的案件是以亚洲和欧洲国家作为被申请人，即 7 起案件中，3 起案件是以蒙古、也门、韩国等亚洲国家为被申请人，3 起是以比利时、希腊、乌克兰等欧洲国家为被申请人，另有一起以非洲国家（加纳）为被申请人。至今尚无针对北美洲、南美洲和澳洲国家提起的仲裁案件。将港澳台投资者也考虑在内，亚洲、欧洲和非洲也是被提起仲裁更多的地区，分别占 43%、21% 和 22%；南美洲和澳洲各有 1 起案件，各占 7%。

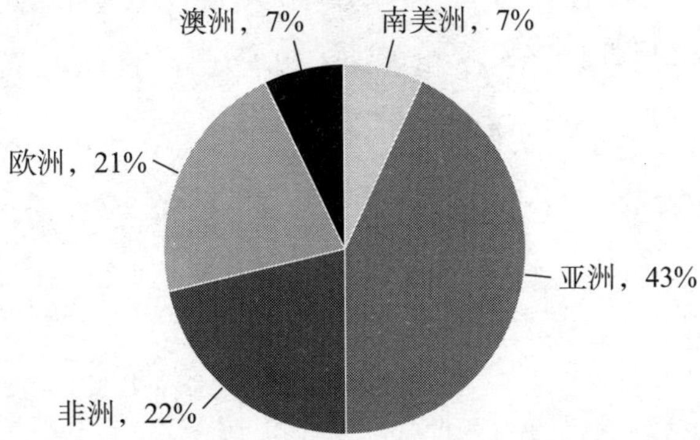

中国投资者作为申请人提起的投资仲裁案件中东道国统计图（地理位置）

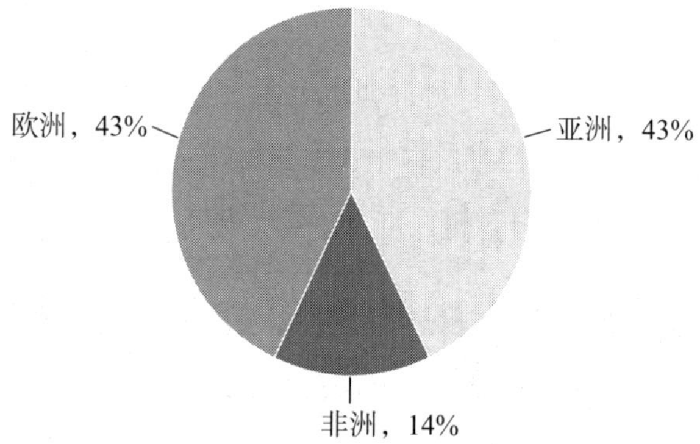

中国大陆投资者作为申请人提起的投资仲裁案件中东道国统计图（地理位置）

进一步地，以国际货币基金组织和联合国发展政策委员会等确定的国家类型看，现有的14起案件中的5起案件以澳大利亚、日本等发达国家为被申请人，9起案件以秘鲁等发展中国家为被申请人，而这9起案件中又有5起是以老挝、坦桑尼亚等最不发达国家为被申请人。如果仅讨论大陆投资者提起投资仲裁案件的情况，7起案件中的3起案件以发达国家（比利时、希腊、韩国）为被申请人，4起案件以发展中国家（蒙古、也门、乌克兰、加纳）为被申请人，这4起案件中的1起是以最不发达国家（也门）为被申请人。

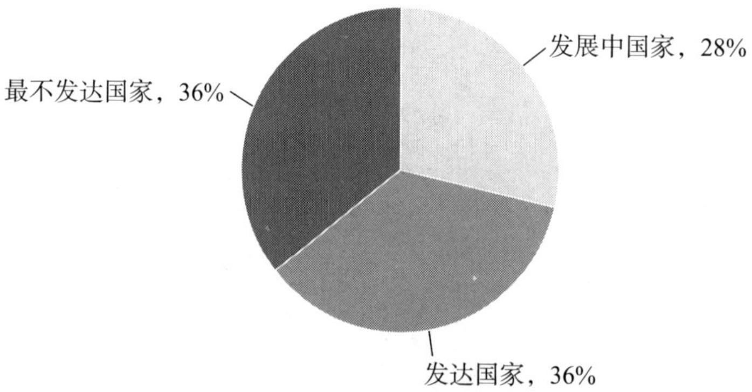

中国投资者作为申请人提起的投资仲裁案件中东道国统计图（国家类型）

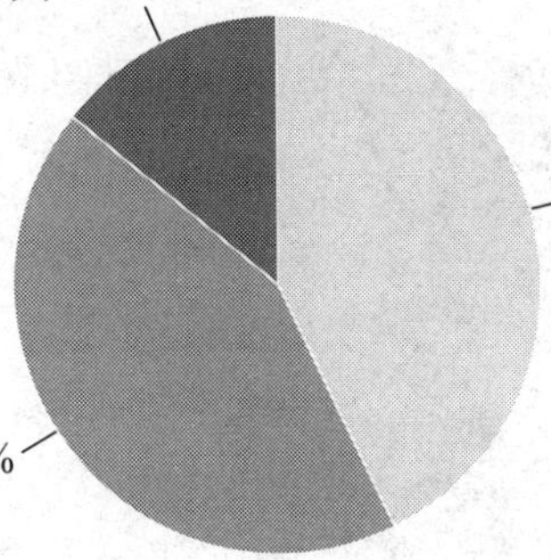

中国大陆投资者作为申请人提起的投资仲裁案件中东道国统计图（国家类型）

进一步观察提起投资仲裁的中国投资者类型，可以发现，大型企业 / 金融机构（例如 Philip Morris、渣打银行等）提起的案件占较高比例。如果仅考虑中国大陆投资者提起的投资仲裁案件，也是如此。中国大陆投资者提起的 7 起投资仲裁案件中，2 起案件的申请人是大型国有企业，2 起案件的申请人是大型非国有企业 / 金融机构，2 起案件是由中小企业提起，另有 1 起案件是由自然人提起。从时间段上，2018 年之前的 3 起案件的申请人均是大型企业，而自 2019 年以来，中国投资者提起的 4 起案件中有 3 起是由中小型企业和自然人提起。

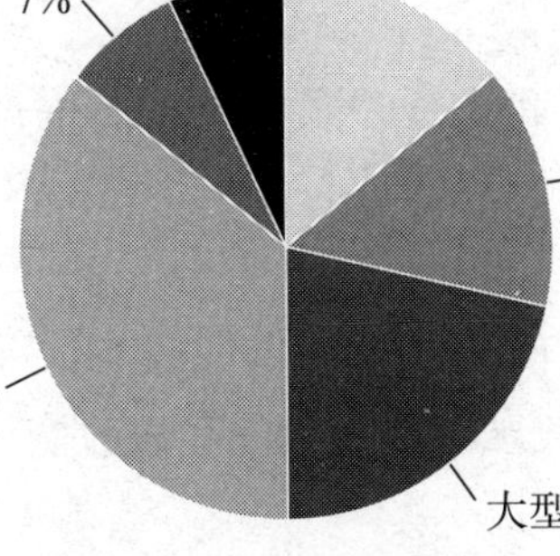

作为申请人提起投资仲裁案件的中国投资者类型统计图

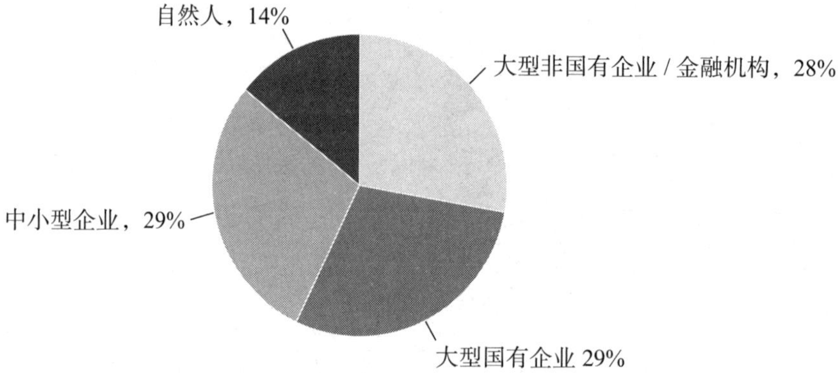

作为申请人提起投资仲裁案件的中国大陆投资者类型统计图

从案件的管辖权依据上看，14 起案件中，有 2 起案件依据香港特别行政区政府对外签订的双边投资协定提起，2 起依据投资合同提起，余下 10 起均是依据中国对外签订的双边投资协定提起。这 10 起案件中，除中国平安诉比利时案和 Fengzhen Min 诉韩国案外，余下 8 起案件是依据中国早期对外签订的双边投资协定提起的。在这类投资协定中，东道国均仅同意投资者将某种特定的争议提交投资仲裁，例如同意投资者就“关于由征收、国有化或其效果相当于征收、国有化的其他措施发生的补偿款额的争议”提交国际仲裁庭。中国平安诉比利时案和 Fengzhen Min 诉韩国案所依据的双边投资协定中，东道国则全面接受国际仲裁管辖，同意投资者将与投资有关的全部争议提交国际仲裁。

中国大陆投资者提起的 7 起投资仲裁案件均是依据中国对外签订的双边投资协定提起。其中，依据限制东道国仲裁同意的投资协定提起的案件占总量的 71%。

总体上看，上述案件体现出的管辖权依据分布情况与我国条约缔结实践是基本一致的：如前所述，在我国现存有效的双边投资协定中，限制东道国仲裁同意的协定约占 60%。

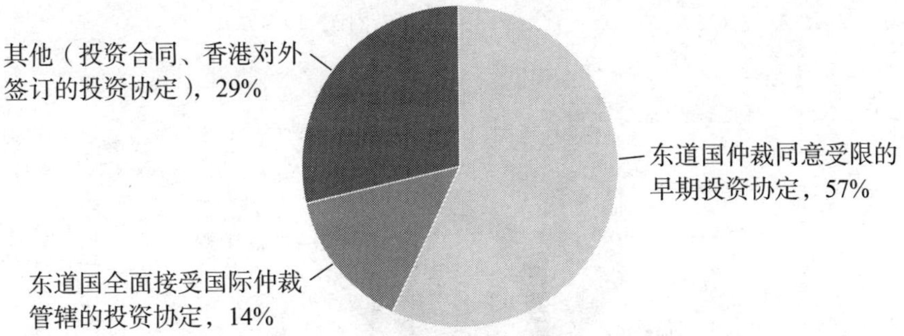

中国投资者作为申请人提起的投资仲裁案件的管辖权依据

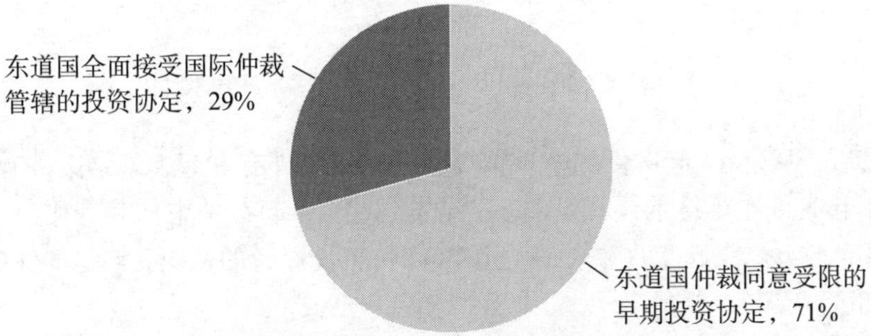

中国大陆投资者作为申请人提起的投资仲裁案件的管辖权依据

从案件实体争议涉及的领域来看，14 起案件涉及的争议领域较为分散，包括能源、博彩、建设工程、加工制造、矿业权、不动产等行业。大陆投资者提起的 7 起投资仲裁案件涉及的争议也涉及能源、建设工程、矿业权和房地产等多个领域。

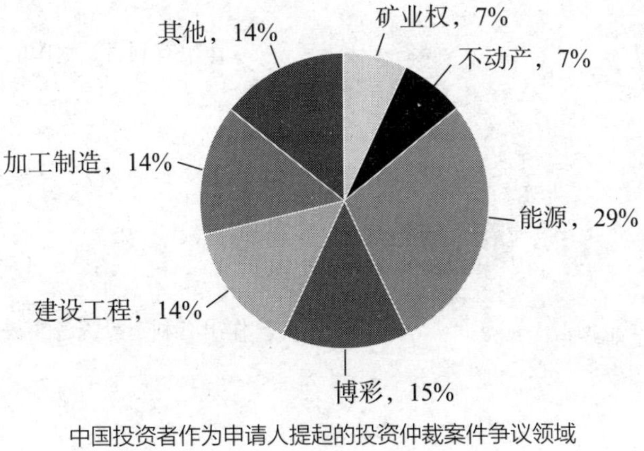

中国投资者作为申请人提起的投资仲裁案件争议领域

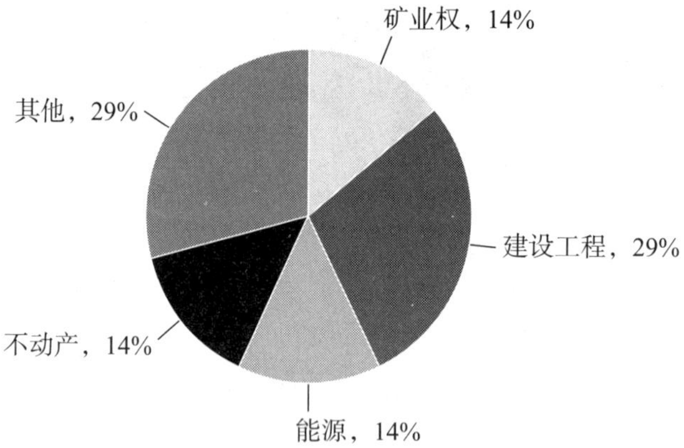

中国大陆投资者作为申请人提起的投资仲裁案件争议领域

最后，从这14起案件的审理情况看，已结案件有8起，未结案件有5起，另有1起案件在审结前终止。8起已结案件中，4起案件中仲裁庭作出有利于东道国的裁决，3起案件中仲裁庭作出有利于投资者的裁决，1起案件中争议双方和解。

中国大陆投资者提起的7起投资仲裁案中，已结案件有3起，未结案件有3起，另有1起案件在审结前终止。3起已审结的案件中，2起案件中仲裁庭以缺乏管辖权为由作出有利于东道国的裁决，1起案件中争议双方在仲裁庭作出有管辖权裁定之后和解。截至2021年3月，尚没有中国大陆投资者在投资仲裁中获得实体胜诉裁决的先例。

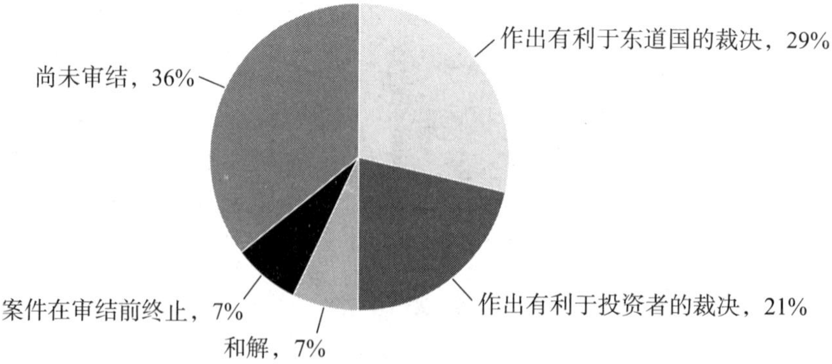

中国投资者作为申请人提起的投资仲裁案件结果

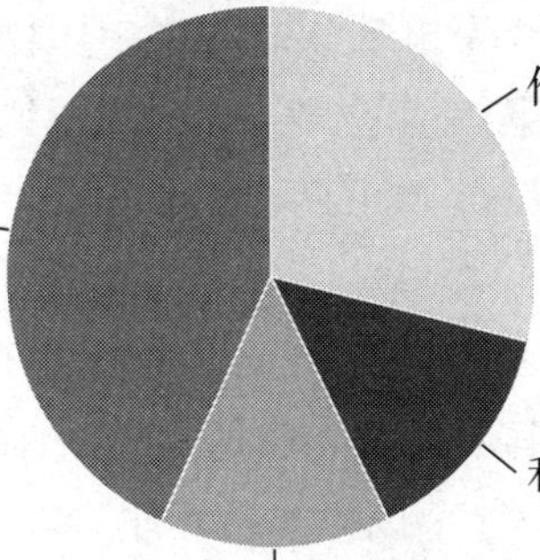

中国大陆投资者作为申请人提起的投资仲裁案件结果

下文将根据仲裁机构公开信息、iareporter、GAR 和 IISD 等网站信息以及具体案件中投资者或东道国公开的公告等内容，简要介绍 2020 年新增的投资仲裁案件或其他与投资争议有关的重大事件。这些案件（或事件）包括 Macro Trading 诉中国案、吴振顺诉中国案、亚化集团等诉中国案、Fengzhen Min 诉韩国案、Wang King 等诉乌克兰案、紫金矿业合资公司投资争议调解案，以及华为对瑞典提起的争议通知。

（二）宏大通商诉中国案[①]

Macro Trading（宏大通商株式会社，以下简称宏大通商）诉中国案是中国政府被诉的第五起投资仲裁案。根据 ICSID 公开信息，该案涉案争议与房地产有关，投资者系依据 1988 年 8 月 27 日签订的《中华人民共和国和日本国关于鼓励和相互保护投资协定》[以下简称中日 BIT（1988）] 提起仲裁。根据我们在“中国裁判文书网”和国家企业信用信息公示系统中的检索结果，宏大通商与一家中国企业在安徽省成立了一家注册资本为 10 万美元的中外合资企业。

根据 ICSID 公开信息，该案于 2020 年 6 月 29 日立案。2020 年 11 月 16

① 本节内容主要来自 ICSID 网站和 iareporter 公开信息，见 Macro Trading Co., Ltd. v. People’s Republic of China（ICSID Case No.ARB/20/22）https://icsid.worldbank.org/cases/case-database/case-detail?CaseNo=ARB/20/22（最后访问时间：2021 年 4 月 15 日）；MACRO TRADING V. CHINA https://www.iareporter.com/arbitration-cases/macro-trading-v-china/（最后访问时间：2021 年 4 月 15 日）。

日，该案完成组庭，仲裁庭成员为申请人指定的美国籍 Miriam SAPIRO 以及中国政府指定的北京首钢诉也门案首席仲裁员、国际法院斯洛伐克籍现任法官 Peter TOMKA，首席仲裁员则由两名仲裁员指定的瑞士籍 Gabrielle KAUFMANN-KOHLER 担任。

组庭一个月后即 2020 年 12 月 15 日，该案仲裁庭举行了第一次程序会议，但随后该案程序出现了一些推进障碍：由于申请人一直未按有关规定缴纳预付款项，根据《ICSID行政和财务条例》，该案仲裁程序于2021年1月7日被暂停；随后，Peter TOMKA 法官辞任，根据 ICSID 规则，该案仲裁程序由于仲裁庭出现空缺于 2021 年 2 月 6 日中止。

公开信息并未提及 Peter TOMKA 法官辞任的原因，一些报道将其辞任一事与国际法院关于现任法官兼任投资仲裁案仲裁员的限制相联系。具体来说，2018 年 10 月 25 日，时任国际法院主席的 Abdulqawi Ahmed YUSUF 在联合国大会发言中表示，国际法院目前仍在任期内的法官通常不会同意参加投资者—国家间仲裁，即使在特定情况下经国际法院授权，也不会同时参加两个同时进行的仲裁程序。[①]Peter TOMKA 法官于 2020 年 8 月接受该案指定

① 相关部分原文为（强调为后加）：

Over the years, the Court has taken the view that, in certain circumstances, its Members may participate in arbitration proceedings. However, in light of its ever-increasing workload, the Court decided a few months ago to review this practice and to set out clearly defined rules regulating such activities. As a result, Members of the Court have come to the decision, last month, that they will not normally accept to participate in international arbitration. In particular, they will not participate in investor-State arbitration or in commercial arbitration. However, in the event that they are called upon, exceptionally, by one or more States that would prefer to resort to arbitration, instead of judicial settlement, the Court has decided that, in order to render service to those States, it will, if the circumstances so warrant, authorize its Members to participate in inter-State arbitration cases. Even in such exceptional cases, a Member of the Court will only participate, if authorized, in one arbitration procedure at a time. Prior authorization must have been granted, for that purpose, in accordance with the mechanism put in place by the Court. Members of the Court, will, however, decline to be appointed as arbitrators by a State that is a party in a case pending before the Court, even if there is no substantial interference between that case and the case submitted to arbitration. This is essential to place beyond reproach the impartiality and independence of Judges in the exercise of their judicial functions. Finally, I cannot stress enough that any participation of Members of the Court in such inter-State arbitrations is subject to the strict condition that their judicial activities take absolute precedence.

时，其在国际法院当时的第二任任期即将（于2021年2月）结束。而在接受该案指定后，其于2020年11月的安理会选举中再次连任，连任任期从2021年至2030年止。[①] 随后，有投资仲裁网站刊发评论，认为Peter TOMKA法官接受中国指定担任投资仲裁案件仲裁员的行为违反了国际法院上述限制。[②] 国际法院随后也明确地公开表示，国际法院任期内的法官"仅能参与国家间仲裁"。[③]Peter TOMKA法官应是在上述背景下从该案仲裁庭辞任，而辞任的日期也恰好是其在国际法院第三任任期开始的日期（2021年2月6日）。

随后，中国政府为本案仲裁程序重新指定了一名德国籍仲裁员Rolf KNIEPER。2021年3月19日，Rolf KNIEPER接受中方指定。根据ICSID官方网站信息，本案于2021年3月22日重新组庭。

值得注意的是，中国和日本就投资保护事宜共签订过两项协定，除本案所依据的中日BIT（1988）外，还有一项协定，即2012年5月13日签订的《中华人民共和国政府、日本国政府及大韩民国政府关于促进、便利及保护投资的协定》[以下简称中日韩TIA（2012）]。

（三）吴振顺诉中国案[④]

2020年9月16日，ICSID受理了当年第二起以中国政府为被申请人的投资仲裁案件。该案申请人是新加坡国民Goh Chin Soon（公开信息中常译为"吴振顺"）。据公开信息，吴振顺是新加坡地产商，从20世纪90年代开始，曾在中国青岛投资过数个影响较大的房地产项目。该案目前仍处于组庭阶段，

---

① United Nations General Assembly and Security Council elect five Members of the Court https://www.icj-cij.org/public/files/press-releases/0/000-20201113-PRE-01-00-EN.pdf（最后访问时间：2021年4月15日）。

② 例如IISD：ICJ Judge Peter Tomka appointed to investment arbitration tribunals despite ICJ guidelines against "double-hatting" https://www.iisd.org/itn/en/2020/11/24/icj-judge-peter-tomka-appointed-to-investment-arbitration-tribunals-despite-icj-guidelines-against-double-hatting/（最后访问时间：2021年4月15日）。

③ Compilation of Decisions Adopted by the Court Concerning the External Activities of Its Members https://icj-cij.org/public/files/basic-documents/compilation-of-decisions-en.pdf（最后访问时间：2021年4月15日）。

④ 本节内容主要来自ICSID网站公开信息，见Goh Chin Soon v. People's Republic of China（ICSID Case No. ARB/20/34）https://icsid.worldbank.org/cases/case-database/case-detail?CaseNo=ARB/20/34（最后访问时间：2021年4月15日）。

两名仲裁员分别是申请人指定的奥地利籍 Michael J. MOSER，以及中国政府指定的澳大利亚籍 Zachary DOUGLAS，首席仲裁员尚未产生。

根据 ICSID 公开信息，该案涉案争议也与房地产有关，投资者系依据 1985 年 11 月 21 日签订、1986 年 2 月 7 日生效的《中华人民共和国政府和新加坡共和国政府关于促进和保护投资协定》[以下简称中新 BIT（1985）] 提起仲裁。

需要说明的是，中国和新加坡就投资保护事宜共签订过三项协定，除了上文所述中新 BIT（1985）外，还有两份协定，分别为（1）2018 年 11 月 12 日签订、2019 年 10 月 16 日生效的《中华人民共和国政府和新加坡共和国政府关于升级〈中华人民共和国政府和新加坡共和国政府自由贸易协定〉的议定书》附录 4 新第十章（投资）（以下简称中新 FTA 投资章节）；以及（2）2009 年 8 月 15 日签订、2010 年 2 月 15 日生效的《中国—东盟全面经济合作框架协定投资协定》（以下简称中国—东盟投资协定）。其中，中新 BIT（1985）于 2019 年 10 月 16 日因为被中新 FTA 投资章节取代而失效，但根据中新 FTA 投资章节第 23 条，投资者在下述两条件均满足的情况下仍然可以根据中新 BIT 提起仲裁请求：（1）仲裁请求与中新 BIT 有效期间内发生的行为和事实或存在的情形有关；（2）仲裁请求在中新 FTA 投资章节生效日起三年之内提出。[①] 该案及后文的亚化集团等诉中国案均是依据两国之间就投资保护签订的第一份协定，即中新 BIT（1985）提起的。

（四）亚化集团等诉中国案[②]

据 iareporter 在 2021 年初报道，两位新加坡申请人于 2020 年根据中新 BIT

---

① 中新 FTA 投资章节第 23 条规定（强调为后加）：

一、1985 年 11 月 21 日签署的《中华人民共和国政府和新加坡共和国政府关于促进和保护投资协定》应于本章节生效之日起终止。（原注：为避免任何歧异，《中华人民共和国政府和新加坡共和国政府关于促进和保护投资协定》第十六条第三款自本章节生效之日将不再适用。）

二、尽管有第一款之规定，本章节生效之日起三年内，仍可根据《中华人民共和国政府和新加坡共和国政府关于促进和保护投资协定》之相关规定，就该协定生效期间发生的任何行为或事实或存续的任何情形提交诉请。

② 该案尚未公开（或未产生）管理机构，相关信息系根据 iareporter 相关报道和亚化集团相关公告总结，并非仲裁庭发布的官方信息，见 ASIAPHOS V. CHINA https://www.iareporter.com/arbitration-cases/asiaphos-v-china/（最后访问时间：2021 年 4 月 15 日）。

（1985）对中国政府提起一起投资仲裁，其中一名申请人是新加坡亚化集团有限公司（AsiaPhos Limited，以下简称亚化集团，于新加坡“凯利板”上市）。截至2021年3月，还没有仲裁机构在官方网站公布该案信息。

另外，如前所述，中国和新加坡就投资保护事宜共签订过三项协定。而本案和吴振顺诉中国案一样，均是依据两国之间就投资保护签订的第一份协定即中新BIT（1985）提起的。

（五）Fengzhen Min诉韩国案[①]

2020年8月3日，ICSID受理了第5起中国大陆投资者提起的投资仲裁案件。根据ICSID公开信息，该案涉案争议与房地产有关，投资者系目前仍在韩国服刑的中国国民Fengzhen Min，管辖权依据为2007年9月7日签订的《中华人民共和国政府和大韩民国政府关于鼓励和相互保护投资协定》[以下简称中韩BIT（2007）]。

根据相关报道，本案申请人Fengzhen Min以其房地产投资企业的股权为抵押，向金融机构贷款。随后，与该笔贷款相关的债权被转移至韩国友利银行（Woori Bank）。随后，友利银行因为Fengzhen Min不能依约偿付贷款而将该抵押股权出售给外国投资者。2017年，Fengzhen Min被韩国司法机关认定犯有侵占等罪，被判处六年监禁。Fengzhen Min认为，韩国的国家存款保险公司是友利银行在2017年之前最大的股东，涉案争议中韩国政府未对其投资提供保护，且相关法律程序违反公平公正待遇，构成拒绝司法。据此，Fengzhen Min主张韩国政府赔偿其损失，并主张立即获释。韩国政府则不认为友利银行的行为可归责于韩国政府，而且友利银行的涉案行为经韩国法院认定，属于合法行为。

2021年2月1日，该案完成组庭程序。仲裁庭成员包括：申请人指定的加拿大籍仲裁员Stephen L. DRYMER、被申请人指定的加拿大和新西兰籍仲裁员Donald M. MCRAE，以及争议双方共同指定的英国籍首席仲裁员Ian GLICK。组庭程序完成仅数日后，韩国政府依据ICSID规则第41（5）条提

① 本节内容主要来自ICSID网站和iareporter公开信息，见Fengzhen Min v. Republic of Korea（ICSID Case No. ARB/20/26）https://icsid.worldbank.org/cases/case-database/case-detail?CaseNo=ARB/20/26（最后访问时间：2021年4月15日）；FENGZHEN MIN V. KOREA https://www.iareporter.com/arbitration-cases/fengzhen-min-v-korea/（最后访问时间：2021年4月15日）。

出“早期驳回”异议。

需要说明的是，中国和韩国就投资保护事宜共签订过四项协定，除了上文所述中韩 BIT（2007）以及中日韩 TIA（2012）外，还有两份协定，分别是（1）于 1992 年 9 月 30 日签订的《中华人民共和国政府和大韩民国政府关于鼓励和相互保护投资协定》[以下简称中韩 BIT（1992）]；[①] 以及（2）于 2015 年 6 月 1 日签订的《中华人民共和国政府和大韩民国政府自由贸易协定》第十二章（投资）（以下简称中韩 FTA 投资章节）。该案及安城诉中国案均是依据中韩 BIT（2007）提起的。

（六）Wang King 等诉乌克兰案[②]

据相关报道，乌克兰马达西奇公司（Motor Sich）的多名中国投资者于 2020 年 12 月 5 日对乌克兰政府提起投资仲裁。涉案争议据称与中国投资者对乌克兰马达西奇公司的收购有关。该案申请人一方系根据于 1992 年 10 月 31 日签订的《中华人民共和国政府和乌克兰政府关于鼓励和相互保护投资协定》[以下简称中国—乌克兰 BIT（1992）] 提起仲裁。报道称，申请人一方认为“乌克兰政府认定中国投资者持有的马达西奇公司股权不合法的系列措施”违反了中国—乌克兰 BIT（1992）。

2021 年 1 月，乌克兰政府制裁了一家英属维尔京群岛企业（Skyrizon Aircraft Holdings Limited），以及三家中国企业（Hong Kong Skyrizon Holdings Limited、Beijing Skyrizon Aviation Industry Investment Co.，Ltd 以及北京信威科技集团股份有限公司）和相关中国公民。相关制裁措施包括冻结资产、限制撤资与增资、限制证券交易、禁止股权集中，禁止跨境资金流动、注销个人签证并拒绝入境等。据悉这些企业中至少有一家与该案申请人有关。

中国—乌克兰 BIT（1992）和上文所述中日 BIT（1988）、中新 BIT（1985）一样，也是中国政府早期对外签订的限制东道国仲裁同意的投资协定。

① 中韩 BIT（2007）第 14 条第 4 款规定，中韩 BIT（1992）将于中韩 BIT（2007）生效之日终止并被中韩 BIT（2007）取代。

② 本节内容系根据 iareporter 相关报道和当事方相关公开文件总结，见 WANG KING ET AL.V. UKRAINE https://www.iareporter.com/arbitration-cases/wang-king-et-al-v-ukraine/（最后访问时间：2021 年 4 月 15 日）。

（七）紫金矿业境外合资公司投资争议调解案[①]

除上述直接涉及中国政府或中国投资者的投资仲裁案件外，2020 年也有一些中国投资者经由海外合资公司提起的投资争议解决案件参与了相关程序。其中影响较大的一起案件是巴理克（新几内亚）有限公司（以下简称 BNL）与巴布亚新几内亚 ICSID 投资纠纷调解案。

2020 年 7 月 14 日，紫金矿业集团股份有限公司（以下简称紫金矿业）董事会发布公告，称紫金矿业与加拿大巴理克黄金公司（以下简称巴理克）的巴新合资公司 BNL 已于 2020 年 7 月 9 日向 ICSID 就巴新政府拒绝波格拉（Porgera）金矿特别采矿权延期申请事宜提请启动调解程序。[②] 该案申请人 BNL 由紫金矿业和巴理克分别持有 50% 股权。其中，紫金矿业是以金属矿产开发勘探为主的大型跨国矿业企业，于香港 H 股、上海 A 股上市，居 2020 年《财富》“中国 500 强”第 77 位。巴理克则是 2019 年之前世界范围内公认的最大金矿企业，也是当前世界范围内利用投资仲裁机制解决与东道国投资争议最多的大型跨国企业之一，曾参与包括 Tethyan Copper 诉巴基斯坦案在内的多起投资仲裁案件。本案涉案的波格拉金矿是世界上少有的几个超大型金矿之一，BNL 公司持该金矿项目 95% 权益，巴新政府则持有余下 5% 权益。

根据巴理克此前披露的信息，BNL 从 2017 年开始就特别采矿权延期事宜与巴新政府协商，但巴新政府最终以环境污染、当地群众安置等问题为由拒绝为 BNL 办理特别采矿权延期。BNL 认为巴新政府拒绝为特别采矿权延期的决定“相当于国有化”，违反了巴新政府对 BNL 的法律义务。[③]

---

① 本节内容主要来自相关新闻报道、紫金矿业和巴理克公告，以及 ICSID 网站 Barrick（Niugini）Limited v. Independent State of Papua New Guinea（ICSID Case No. CONC/20/1）https://icsid.worldbank.org/cases/case-database/case-detail?CaseNo=CONC/20/1（最后访问时间：2021 年 4 月 15 日）；Barrick（Niugini）Limited Initiates Conciliation Proceedings www.porgerajv.com/getattachment/a6f84000-c7bb-4318-8819-d2501204e5e9/Barrick-（Niugini）-Limited-Initiates-Conciliation-P.aspx（最后访问时间：2021 年 4 月 15 日）。

② 《紫金矿业集团股份有限公司关于巴布亚新几内亚波格拉金矿采矿权有关事宜的公告》www.zjky.cn/upload/pdfjs/web/viewer.html?file=/upload/file/2020/07/14/21e8324105e94db888988903ff7bc5f3.pdf（最后访问时间：2021 年 4 月 15 日）。

③ Barrick Niugini Limited Challenges Non-Extension of Special Mining Lease https://www.barrick.com/English/news/news-details/2020/barrick-niugini-limited-challenges-non-extension-of-special-mining-lease/default.aspx（最后访问时间：2021 年 4 月 15 日）。

根据ICSID披露的信息，前述调解程序于2020年7月22日立案，BNL于2020年12月指定了一位调解员，而ICSID应BNL的要求于2021年1月指定了其余两位调解员。2021年3月，BNL提交了初始书面陈述，调解委员会以视频会议方式举行了第一次会议。2021年4月9日，调解委员会根据ICSID公约第34（2）条和ICSID调解规则第30（3）条的规定，宣布终结调解程序，即由于一方当事人未参加调解程序，调解程序终结。

另据紫金矿业发布的公告，[①]BNL于2021年4月9日与巴新政府就波格拉金矿未来的所有权和运营权签署了具有约束力的框架协议。各方围绕该金矿的争议似乎已得到较好解决。[②]

（八）华为拟对瑞典提起投资仲裁[③]

除上述已经正式启动的案件外，2020年也有一些中国投资者计划对非洲和欧洲国家提起投资仲裁案件，并启动了相关前置程序。例如，华为技术有限公司（以下简称华为）以其瑞典子公司的外国投资者身份于2020年12月31日对瑞典总理提起争议通知。

该争议通知系依据《中华人民共和国政府和瑞典王国政府关于相互保护投资的协定》及两国于2004年就上述协定签订的议定书［中国—瑞典BIT（1982）及“2004年议定书”］作出。其中，中国—瑞典BIT（1982）是中国签订的第一份双边投资协定，仅规定了国家间争议解决事项，未规定投资者与东道国之间的争议解决条款。2004年，中国和瑞典签订了“2004年议定书”，规定在一国投资者提出书面争议通知三个月后争议仍未解决的情况下，投资者可以将“有关投资的任何争端”提交机构或临时仲裁。

华为在这份争议通知中指出，瑞典邮政电信部门关于5G竞拍的强制性

---

① 《紫金矿业集团股份有限公司关于巴布亚新几内亚波格拉金矿进展的公告》http://www.zjky.cn/upload/pdfjs/web/viewer.html?file=/upload/file/2021/04/12/9764cebb23fd49fea2143a8a986ab0f0.pdf（最后访问时间：2021年4月15日）。

② 值得注意的是，巴理克一方还以Barrick（PD）Australia Pty Limited的名义于2020年8月依据1990年签订的澳大利亚—巴新BIT在ICSID启动了仲裁程序。该仲裁程序目前尚未终止。

③ 本节内容主要来自华为提交的争议通知和iareporter报道，见Huawei v. Sweden，Notice of Dispute，December 31，2020 https://www.iareporter.com/articles/pdfdownloads/huawei-v-sweden-notice-of-dispute-december-31-2020/（最后访问时间：2021年4月15日）。

规定导致参与竞拍的运营商不得在5G网络中使用华为或中兴的设备和服务，并需要在限定期限内从其3G和4G网络中移除华为或中兴的设备和服务。这些直接针对中国投资者的规定严重损害了华为在瑞典的投资利益。基于已经产生和未来将会产生的损失，华为认为瑞典政府上述非透明的歧视性措施剥夺了华为在瑞典长期“投资”的权益，违反了公平公正待遇、最惠国待遇以及征收条款。根据“2004年议定书”，华为要求尽快与瑞典政府进行磋商，并表示接受瑞典政府的仲裁同意，保留将相关争议提交投资仲裁的权利。

最后，据有关媒体报道，中国企业Beijing Everyway Traffic and Lighting Tech Co. Ltd.于2021年初向加纳政府提交仲裁通知，依据1989年签订的《中华人民共和国政府和加纳共和国政府关于鼓励和相互保护投资协定》启动临时仲裁程序。鉴于上述通知并非于2020年作出，在此不予详述。

（九）几点观察

本节选取2020年新增案件所涉及的较重要的法律问题进行简要分析。

1.“限制性解决条款”的解释

和既存的涉及中国或中国投资者的投资仲裁案件相同，2020年新增投资仲裁案件也多涉及“限制性争议解决条款”的解释问题。如前所述，中国政府作为被申请人的7起案件中至少有4起是依据中国早期对外签订的双边投资协定中的“限制性争议解决条款”提起的，其中包括2020年的3起新增案件，即Macro Trading诉中国案、吴振顺诉中国案以及亚化集团诉中国案。中国投资者依据中国对外签订的双边投资协定提起的10起投资仲裁案件中，有8起案件是依据中国早期签订的双边投资协定中的“限制性争议解决条款”提起的。2020年至今新增的3起案件中则有2起是依据此类“限制性争议解决条款”提起的。

以中国政府作为被申请人的3起案件为例，这些案件所依据的中新BIT（1985）与中日BIT（1988）类似，都是我国早期对外签订的双边投资协定，中方在这些投资协定下一般仅作出有限的仲裁同意，例如同意投资者就“关于由征收、国有化或其效果相当于征收、国有化的其他措施发生的补偿款额的争议”提交国际仲裁庭等。基于这些条款，投资者无疑不能将与征收无关的争议（例如违反公平公正待遇等）提交仲裁，但能否将在征收补偿款额之外的其他与征收有关的争议（例如征收是否存在，是否依照法定程序，是否非歧视等）提交仲裁，则有不同理解。

例如，在 Sanum 诉老挝（一）案、谢业深诉秘鲁案和北京城建诉也门案中，仲裁庭采取了广义解释，认为“征收补偿款额有关的争议”不仅包括补偿款额争议，还包括与征收有关的其他争议。这些仲裁庭的核心观点是，如果其管辖权仅限于审理补偿额争议，则有关征收本身的争议（例如是否发生了征收）只能提交东道国法院，而根据涉案双边投资协定的“岔路口条款”，投资者在将征收争议提交法院后，不得再将与征收补偿款额有关的争议提交国际仲裁。因此，若仲裁庭管辖权不包括征收是否发生的争议，则会在实际上导致该协定中的仲裁条款无效。仲裁庭因此决定对该条款采取广义的解释。而在北京首钢等诉蒙古国案中，仲裁庭采取了狭义解释。仲裁庭认为，中国—蒙古 BIT 作出相关表述的目的是将管辖权限缩为仅包括与征收补偿额有关的争议，而结合上下文，“与征收补偿额有关的争议”指的是征收补偿金额是否与宣告征收时被征收的财产的价值相当的争议。至于如此解释是否会导致中国—蒙古 BIT 的仲裁条款（第 8.3 条）无效，仲裁庭认为，该条的含义是，在东道国已经宣告征收但争议双方对征收补偿款额无法达成一致时，当事人可以将补偿款额争议申请仲裁，这种争议实际发生的可能性大小并不能决定该条款有效还是无效。

值得注意的是，2020 年以前，依据此类限制性争议解决条款提起且进入正式仲裁程序的案件无一例外地均为中国投资者对东道国提起的投资仲裁案件。2020 年新增的 Macro Trading 诉中国案、吴振顺诉中国案、亚化集团等诉中国案则是中国政府被诉的案例，中国政府将对“限制性争议解决条款”提出自己的解释。考虑到中国现存有效的双边投资协定中，限制东道国仲裁同意的协定仍占多数，这三起案件不仅将确立中国后续参与投资仲裁的立场，其结果也会对中国投资者未来利用投资仲裁维护其海外投资合法权益产生影响。

2. 国有企业行为对东道国的可归责性

国有企业相关问题是投资仲裁中常见的争议点。一般来说与国家实体有关的主要问题有两类，一是国有企业是否可以作为申请人参与投资仲裁，二是东道国国有企业在与投资者的商贸交往中的行为对于东道国来说是否有可归责性。

第一个问题早在北京城建诉也门案中出现过，该案仲裁庭在管辖权决定中指出，中国国有企业原则上属于 ICSID 公约第 25（1）条项下的“另一缔约方的国民”，除非其在进行相关投资时系以政府代理人身份行事或者行使政府职能。2020 年新增的 Fengzhen Min 诉韩国案则涉及了国有企业的行为是否可以归因于国家的问题。鉴于中国拥有数量众多、体量巨大的国企，这两个问题对于中国而言均具有重要意义。

3. 同一争议涉及多个协定时的协定适用

中国的投资协定缔约实践从 20 世纪 80 年代初开始，至今已近 40 年。不同时期缔结的投资协定不论是实质保护条款还是争议解决条款都有所区别。由于中国与一些国家在不同时期缔结了多份投资协定，在涉及中国或中国投资者的某些投资仲裁案件中同时涉及多份投资协定。由于这些投资协定在实体保护条款和争议解决机制上存在区别，且有可能在争议发生时均有效，故多协定在具体案件中的适用值得研究。

最早涉及此类多协定适用的是平安等诉比利时案。[①]2020 年至今新增案件中也有多起案件可能会涉及多个协定，例如 Macro Trading 诉中国案、吴振顺诉中国案和亚化集团诉中国案。具体来说，中国和日本就投资保护事宜共签订过两份协定，除 Macro Trading 诉中国案所依据的中日 BIT（1988）外，还有中日韩 TIA（2012）；中国和新加坡则就投资保护事宜共签订过三份协定，除了吴振顺诉中国案和亚化集团诉中国案所依据的中新 BIT（1985）外，还有两份协定，分别为中新 FTA 投资章节以及中国—东盟投资协定。在 Macro Trading 诉中国案中，由于后一协定对于其与前一协定的适用关系缺乏约定，两个协定的适用关系可能产生争议。在吴振顺诉中国案和亚化集团诉中国案中，签订在后的协定对前一协定的效力则明确做了约定，例如，中新 BIT（1985）于 2019 年 10 月 16 日因为被中新 FTA 投资章节取代而失效，但根据中新 FTA 投资章节第 23 条，投资者在下述两条件均满足的情况下仍然可以根据中新 BIT 提起仲裁请求：（i）仲裁请求与中新 BIT 有效期间内发生的行为和事实或存在的情形有关；（ii）仲裁请求在中新 FTA 投资章节生效日起三年之

---

① 在该案中，仲裁庭支持了被申请人的管辖权异议进而驳回中国投资者的仲裁请求，理由是中国与比卢经济联盟于 2005 年签订的双边投资协定（“2005 年协定”）不适用于该协定生效前产生且已通知东道国的争端，此类争端应适用中国与比卢联盟于 1984 年签订的双边投资保护协定（“1984 年协定”）。

内提出。[①]

具体案件中，申请人选择哪一个协定作为仲裁依据一般来说既会考虑东道国仲裁同意的范围，也会考虑协定所提供的实质保护。例如，将中新BIT（1985）和中新FTA投资章节进行比较可以发现，虽然中新FTA投资章节下可仲裁事项范围更广，更有利于申请人，但其为东道国违反间接征收、“公平公正待遇”等条款设置了更高更苛刻的认定标准，又更有利于被申请人。

由此可能产生的一项争议是，申请人是否可以依据其中一个协定中的争议解决条款提起仲裁，而依据另一个投资协定主张实体权利。与此相关的问题是，在申请人选定某个协定的情况下，被申请人是否可以援引其他协定的条款进行抗辩（假设对其有利）。

4. 投资者在投资协定约定临时仲裁的情况下提起ICSID仲裁

投资协定除约定可仲裁范围外，往往还会约定仲裁前置程序、仲裁机构、仲裁庭组庭方式、仲裁规则等事项。对这些事项的约定一般也被认为是东道国仲裁同意的一部分。

在投资仲裁实践中，双方当事人围绕可仲裁范围、仲裁前置程序产生争议的案件很多。而在2020年新增的中国政府被诉案件中，我们发现有2起案件均存在投资协定约定的是临时仲裁而投资者提起ICSID仲裁的情况。在依据中新BIT（1985）提起的吴振顺案和依据中日BIT（1988）提起的Macro Trading诉中国案中，申请人并未依照投资协定中的相关条款提起临时仲裁，而是提起了ICSID仲裁。根据ICSID公约、ICSID Institution Rules和仲裁规则等规定，以及仲裁实践中对这些规则的运用和解释，ICSID秘书长在仲裁案件立案阶段的审查权限有限，仅对争议是否属于公约管辖权范围做初步判断。这或许是这2起案件顺利被ICSID受理的原因。对于此类情况，被申请人可以统筹考虑ICSID公约和规则下的相关条款，采取适当的应对行动。

---

① 中新FTA投资章节第23条规定（强调为后加）：

一、1985年11月21日签署的《中华人民共和国政府和新加坡共和国政府关于促进和保护投资协定》应于本章节生效之日起终止。（原注：为避免任何歧异，《中华人民共和国政府和新加坡共和国政府关于促进和保护投资协定》第十六条第三款自本章节生效之日将不再适用。）

二、尽管有第一款之规定，本章节生效之日起三年内，仍可根据《中华人民共和国政府和新加坡共和国政府关于促进和保护投资协定》之相关规定，就该协定生效期间发生的任何行为或事实或存续的任何情形提交诉请。

四、中国国内的外商投资立法

2020 年，由于受到新冠肺炎疫情冲击，全球经济陷入“二战”以来最严重衰退。中国作为世界第二大经济体，全面深化改革开放，积极推进互利合作，为世界经济复苏注入动力，提供信心。我国全面实施《外商投资法》及《外商投资法实施条例》（以下简称《实施条例》），出台外商投资企业投诉办法等政策法规，开启了更高水平的开放以及外商投资法治建设的新篇章。

（一）我国外商投资立法及相关司法解释

1.《外商投资法》

《外商投资法》自 2020 年 1 月 1 日起正式施行，是中国第一部外商投资领域统一的基础性法律。《外商投资法》确立了我国新型外商投资法律制度的基本框架，确定了我国对外开放、促进外商投资的基本国策和大政方针，对外商投资的准入、促进、保护、管理等作出了统一规定，是我国外商投资领域新的基础性法律，是对我国外商投资法律制度的完善和创新，为推动更高水平对外开放提供了有力法治保障。

《外商投资法》确立了准入前国民待遇加负面清单的管理制度，并大大加强了对外资的保护。就投资争端预防与解决而言，《外商投资法》第 26 条明确要求建立健全外商投资企业投诉工作机制，畅通政府与外商沟通协调渠道，使之成为维护外资企业合法权益的有效平台，建立外商投资企业投诉工作机制，及时处理外商投资企业或者其投资者反映的问题，协调完善相关政策措施。从严格意义上讲，外资投诉工作机制并非投资争端机制，但鉴于其能够为外资提供快速高效的沟通渠道，因此可以在很大程度上预防投资争端的产生与升级。

2.《实施条例》

国务院颁布的《实施条例》自 2020 年 1 月 1 日起施行。《实施条例》严格贯彻外商投资法的立法原则和宗旨，更加突出促进和保护外商投资的主基调，增强制度的可操作性，保障法律有效实施。《实施条例》围绕外商关切，从行政法规层面实化和明确了相关事项，强调了对外资的尊重与保护。《实施条例》对外商投资投诉机制做了进一步安排部署，要求国务院商务主管部门、县级以上地方人民政府指定的部门或者机构完善投诉工作规则、健全投诉方式、明确投诉处理时限，并要求对外公布投诉工作规则、投诉方式、投诉处理时限等信息。

3.《关于适用〈中华人民共和国外商投资法〉若干问题的解释》

针对外商投资合同效力认定存在的突出司法实务问题，并且为了确保《外商投资法》在审判领域得到公正、高效的适用，最高人民法院于2019年12月16日出台《关于适用〈中华人民共和国外商投资法〉若干问题的解释》（以下简称《外商投资法司法解释》），于2020年1月1日开始施行。

《外商投资法司法解释》对投资合同的含义采取了扩张性的解释，明确了投资合同的范围包括外国的自然人、企业或者其他组织，因直接或者间接在中国境内进行投资而形成的相关协议，包括设立外商投资企业合同、股份转让合同、股权转让合同、财产份额或者其他类似权益转让合同、新建项目合同等协议。《外商投资法司法解释》连同《外商投资法》和《实施条例》，为市场化、法治化、国际化的改革方向提供优质高效的司法服务和法治保障，致力于打造内外资公平竞争的市场环境，并通过改善投资环境以吸引更多外商投资。

（二）商务部等部门关于外资管理的重要立法活动

1.《外商投资企业投诉工作办法》

2020年8月18日，商务部第29次部务会议审议通过并公布《外商投资企业投诉工作办法》（以下简称《投诉办法》），自2020年10月1日起施行。《投诉办法》分为总则、投诉的提出与受理、投诉处理、投诉工作管理制度和附则，共5章33条，进一步细化了《外商投资法》及《实施条例》有关要求，完善外商投资投诉工作有关制度，畅通政府与外商沟通协调渠道，使之成为维护外资企业合法权益的有效平台。

第一，拓宽投诉事项范围。《投诉办法》明确外商投资企业、外国投资者可以就其合法权益受到行政行为侵害的事项，向投诉工作机构申请协调解决，或者向投诉工作机构反映投资环境方面存在的问题，建议完善相关政策措施。此外，商协会也可向投诉工作机构反映投资环境方面的问题。如此，不仅为投诉人提供了救济途径，也增加了外商投资政策制定者接受建言献策的通道，助益实现政策制定者与实施对象的良好互动，有利于外商投资政策的完善，推动外商投资市场健康良好有序发展。

第二，健全投诉工作机制。在中央层面，建立外商投资企业投诉工作部际联席会议制度，设立全国外资投诉中心负责具体处理投诉事项。除了处理投诉事项，全国外资投诉中心还负责组织与外商投资有关的政策法规宣传；开展外商投资企业投诉工作培训，推广投诉事项处理经验；提出相关政策建议；督促地方做好外商投资企业投诉工作等事项。除了处理好已经产生的投诉，积极预防投诉事项的发生也属于全国外商投资企业投诉中心的工作范围。在地方层面，县级以上地方人民政府应当指定有关部门或者机构负责本地区投诉工作。地方投诉工作机构受理本地区投诉事项，包括投诉人对本地区行政机关及其工作人员行政行为和建议完善本地区相关政策措施的投诉事项。为做好中央和地方投诉工作，《投诉办法》第四章对投诉工作的档案管理、情况上报、定期督查、权益保护建议书等制度也作了详细规定。

第三，明晰投诉工作规则。为了便利投诉人进行投诉，《投诉办法》第二章和第三章对投诉的提出、受理、处理方式、处理时限、处理结果异议等方面的工作规则作了清晰的规定，加大协调处理力度，积极推动投诉事项妥善解决。例如《投诉办法》第10条规定，投诉人提出投诉事项，应当提交书面投诉材料。投诉材料可以现场提交，也可以通过信函、传真、电子邮件、在线申请等方式提交。各级投诉工作机构应当公布其地址、电话和传真号码、电子邮箱、网站等信息，便利投诉人提出投诉事项。第18条规定，根据投诉事项不同情况，投诉工作机构可以采取下列方式进行处理：推动投诉人和被投诉人达成谅解（包括达成和解协议）；与被投诉人进行协调；向县级以上人民政府及其有关部门提交完善相关政策措施的建议；投诉工作机构认为适当的其他处理方式。这些规定为投诉工作的开展提供了明确的指引。

第四，加大投诉人的权益保护力度。《投诉办法》高度重视投诉处理过程中投诉人的权益保护问题，《投诉办法》第8条规定投诉不影响投诉人依法提起行政复议和行政诉讼的权利；第23条要求投诉工作机构采取有效措施保护投诉人的商业秘密、保密商务信息和个人隐私；同时第30条规定投诉人通过外商投资投诉工作机制反映或者申请协调解决问题，任何单位和个人不得压制或者打击报复。

2.《外商投资安全审查办法》

2020年12月19日，商务部和发改委联合颁布《外商投资安全审查办法》（以下简称《安审办法》），于2021年1月18日开始施行，旨在积极促进外商投资及有效预防和化解国家安全风险。《安审办法》共23条，其主要内容包括规定了外商投资安全审查机构、外商投资安全审查的范围、外商投资安全审查申报机制、外商投资安全审查程序和时限、外商投资安全审查决定执行及违规惩戒措施。《安审办法》进一步提高了审查工作的规范性、精准性和透明度，尽可能减少对外商投资活动的影响，保护外商投资的积极性和合法权益。

五、中国国内与投资争端有关的争议解决

根据《行政诉讼法》《行政复议法》《外商投资法》等有关规定，[①] 外国投资者认为行政机关和行政机关工作人员的行政行为侵犯其合法权益时，可以通过外商投资企业投诉工作机制申请协调解决，还可以依法申请行政复议、提起行政诉讼。

（一）行政诉讼

行政诉讼不仅是中国国内法体系下外资企业保护其合法权益的重要方式，还与国际投资仲裁紧密关联。不少投资协定规定了“岔路口条款”，即投资者可以在东道国法院诉讼和国际投资仲裁中选择其一解决投资争端，且该种选择具有终局性。换言之，如果投资者选择在国内法院提起诉讼，则不得再诉诸国际仲裁。另有一些投资协定则规定，如果投资者已经在国内法院起诉，则需要撤回起诉后才可以诉诸国际仲裁。

我们暂未见到有关2020年度或以前年度外商投资企业或其投资者提起行政诉讼情况的统计分析，但根据已经公开的裁判文书，可以看出外商投资企业针对商标注册[②]、房屋征收[③]、清算程序[④]等类型的行政纠纷，向中国法院提起了诉讼。在中国裁判文书网上，选择“行政案由”并以“外商投资企业”作为关键词，裁判日期截至2020年12月31日，可以检索到6049份裁判文书，其中2020年度有1370份。[⑤] 就地域而言，广东省各级法院处理的涉及“外商

---

① 请见《行政诉讼法》第98条、第99条；《行政复议法》第41条；《外商投资法》第26条；《外商投资法实施条例》第21条、第26条、第30条；《最高人民法院关于适用〈中华人民共和国行政诉讼法〉的解释》第16条。

② 例如，（2018）最高法行再2号，裁判日期：2020年3月24日。

③ 例如，（2020）沪行终178号，裁判日期：2020年5月29日。

④ 例如，（2018）最高法行申5716号，裁判日期：2020年5月28日。

⑤ 需要说明的是，涉及外资的行政诉讼案件的裁判文书并非必然出现“外商投资企业”一词，此处的方法并不能检索到涉及外商投资企业或其投资者的全部行政诉讼案件。

投资企业”的案件数量最多，作出了1126份判决或裁定，其次为北京市（122份）和江苏省（25份），其他省市自治区相关文书数量均不超过10份；就法院级别而言，判决或裁定随着法院层级上升递减，基层法院932份、中级法院368份、高级法院63份、最高法院4份。我们认为，对这些行政诉讼案件进行统计分析，对于掌握外商投资企业或其投资者与行政机关之间的纠纷类型及其成因，进而化解潜在的国际投资争端具有参考价值。

行政诉讼是外国投资者解决与我国政府纠纷的有效渠道。2019年，最高人民法院曾发布第三巡回区法院服务保障“一带一路”建设典型行政案例，外商投资企业与中国市场监督管理部门[①]、商务主管部门[②]、地方人民政府[③]就产品标签、经营期限、食品安全等各类问题产生的纠纷通过行政诉讼得到了有效化解。

此外，广东省法院于2020年8月发布了《2019年度广东省行政诉讼情况报告》[④]将涉及外商投资企业的“深圳宇辉塑胶制品有限公司诉被告深圳市市场监督管理局工商登记纠纷案”作为广东省法院注重维护交易秩序安全价值，营造可预期的法治营商环境典型案例。该案中，深圳市市场监督管理局以外商独资企业变更备案不能作为商事登记的依据为由，拒绝为宇辉塑胶公司办理中外合作经营企业变更为外商独资企业，同时作出不予受理和不予登记的决定。深圳市中级人民法院认为，深圳市市场监管局拒绝将企业变更备案作

---

① 上海高夫食品有限公司诉上海市徐汇区市场监督管理局食品行政处罚案

请见最高人民法院网：http://www.court.gov.cn/xunhui3/xiangqing-140711.html（最后访问时间：2021年4月15日）；

义乌市红钻石食品有限公司诉义乌市市场监督管理局、义乌市人民政府食品行政处罚及行政复议案

http://www.court.gov.cn/xunhui3/xiangqing-140701.html（最后访问时间：2021年4月15日）。

② 无锡埃迪房地产开发有限公司诉江苏省商务厅行政复议案

http://www.court.gov.cn/xunhui3/xiangqing-147042.html（最后访问时间：2021年4月15日）。

③ 晋皓有限公司诉南京市人民政府不履行法定职责案

http://www.court.gov.cn/xunhui3/xiangqing-147052.html（最后访问时间：2021年4月15日）。

④ 请见广东法院网：http://www.gdcourts.gov.cn/index.php?v=show&cid=226&id=55545（最后访问时间：2021年4月15日）；

佛山法院网站：http://219.130.221.114/pub/court_7/gongzuodongtai/shenpanyanjiu/dianxinganli/202011/t20201110_34121.htm（最后访问时间：2021年4月15日）。

为登记依据，同时却不能提供已经制定并公布的相关登记申请材料目录，其不予受理决定缺乏法律依据；在中外合作经营各方没有争议，不存在违反法律强制性和禁止性规定的情况下，深圳市市场监管局不予登记的决定同样缺乏法律依据。据此，深圳中院撤销市场监管局决定，并要求其重新作出行政行为。

（二）行政复议

行政复议同样在国际仲裁投资中扮演着重要角色。一些双边投资协定将行政复议约定为将争端提交国际投资仲裁的前置条件，即只有在完成国内行政复议程序后才可将争端提交国际仲裁庭。

我们暂未见到有关2020年度或以前年度外商投资企业或其投资者申请行政复议的统计分析。但通过对各地方政府部门官方网站进行检索，可以发现部分外商投资企业提起的行政复议案件，例如广州市市场监督管理局2020年1月8日发布的“某某（中国）投资有限公司不服不予受理处理一案行政复议决定书”。[①] 该案申请人是日本的外商独资子公司，就广州市天河区市场监督管理局对其经营范围变更申请作出的《不予受理通知书》提起行政复议。经审查，复议机关广州市市场监督管理局发现天河区市场监管局以“该企业变更登记申请材料不符合法定形式，申请材料不齐全”为由决定不予受理，但未告知申请人需要补正的全部内容。因此，决定撤销《不予受理通知书》，责令其对涉案事项依法重新作出处理。

同样地，我们认为，对外商投资企业或其投资者申请行政复议的案件进行统计分析，对于掌握外商投资企业或其投资者与行政机关之间的纠纷类型及其成因，进而化解潜在的国际投资争端具有参考价值。

（三）投诉协调

为更好地实施《外商投资法》第26条和《实施条例》，商务部对《外商投资企业投诉工作暂行办法》进行修订，于2020年8月发布《投诉办法》。《投诉办法》于2020年10月1日生效，包括总则、投诉的提出与受理、投诉处理、投诉工作管理制度和附则5章，共33条。

2020年9月，为配合《投诉办法》的实施，商务部公布《全国外商投资企业投诉中心办事指南》（以下简称《办事指南》）和《全国外商投资企业投

① 请见广州市市场监督管理局网站：http://scjgj.gz.gov.cn/ztzl/xzfyzl/xzfyjdgk/content/post_6446488.html（最后访问时间：2021年4月15日）。

诉工作机构名录》(以下简称《机构名录》)。[①]《办事指南》明确了全国外商投资企业投诉中心的受理范围、受理条件、协调处理方式与流程等内容。《机构名录》涵盖了31个省级投诉工作机构名录和联系方式。同时，商务部办公厅发布《关于请完善外商投资企业投诉相关工作制度的函》,[②] 要求各省（区、市）制定或完善当地办事指南，公布当地投诉规则、投诉方式、投诉处理时限、投诉机构信息等内容。

上述通知发出后，多个省、市、自治区对当地投诉工作机制进行更新完善。以江苏省为例，省商务厅通过“江苏国际投资促进网”[③] 发布了（1）《江苏省外商投资企业投诉工作办法》，对投诉规则、方式、受理时限等信息作出规定；（2）《江苏省外商投资企业投诉工作机构办事指南》，对实务操作中的具体信息进行整合发布；（3）《江苏省外商投资企业投诉工作机构网格》，统一公布省级、市级、区级投诉受理机构；以及（4）《外商投资企业投诉流程图》和《外商投资企业投诉书模板》供有关企业参考。

我们暂未见到全国范围针对2020年度或以前年度外商投资企业或其投资者投诉的统计分析，部分省区市商务主管部门对相关情况有所说明。例如，根据北京市商务局《2020年市政府工作报告重点工作市商务局承担任务完成情况一览表》，2020年，北京市外商投资企业投诉工作机制运行正常，且尚未接到外商投资企业投诉。[④] 重庆市商务委在采访中表示，2020年度，重庆加大外商投诉协调处置力度，成功处置外商投诉协调案件82件，并与四川联合建立跨行政区域投诉处理协作机制。[⑤]

---

① 请见商务部网站：http://www.mofcom.gov.cn/article/news/202009/20200903005428.shtml（最后访问时间：2021年4月15日）。

② 请见商务部网站：http://www.mofcom.gov.cn/article/b/f/202010/20201003006978.shtml（最后访问时间：2021年4月15日）。

③ 请见江苏国际投资促进网：http://www.iinvest.org.cn/web/SuggestionIndex.aspx?ClassName=0&scrollid=1（最后访问时间：2021年4月15日）。

④ 请见北京市商务局网站：http://sw.beijing.gov.cn/zwxx/fzgh/jxrw/202101/t20210126_2232767.html（最后访问时间：2021年4月15日）。

⑤ 请见重庆市政府网站：http://sww.cq.gov.cn/zymyq/ywxx/dtyw/202101/t20210128_8833072.html（最后访问时间：2021年4月15日）。

六、中国与ISDS改革

（一）中国与贸法会ISDS改革进程

贸法会第三工作组从2017年开始就投资者与国家间争端解决制度（ISDS）可能的改革展开了讨论，目前正处于其任务的第三阶段，即制定ISDS改革的可行解决途径。截至目前，第三工作组已总共召开40届会议。2020年间，第三工作组召开了第38届会议续会及第39届会议。

- 第38届会议于2019年10月14日至18日举行，会议主要讨论的改革主题包括：设立投资争端咨询中心、制定投资争端法庭成员行为守则以及第三方资助。
- 第38届会议续会于2020年1月20日至24日举行，会议主要讨论的改革主题包括：设立独立的复审或上诉机制、常设机构裁决的执行、常设机构的经费筹措以及仲裁员的遴选和任命。
- 第39届会议原定于2020年3月30日至4月3日举行，由于新冠肺炎疫情推迟到2020年10月5日至9日举行，会议主要讨论的改革主题包括：争端的预防和缓和以及替代性争议解决办法、多重程序和反诉、股东索赔和反射性损失、仲裁费用担保和无意义索赔、缔约国条约解释以及关于ISDS改革的多边文书。
- 第40届会议已于2021年2月8日至12日举行，会议主要讨论的改革主题包括：上诉机制和执行问题以及ISDS仲裁庭成员的遴选和任命（关于原拟讨论的仲裁员行为守则草案，由于其他议题占用时间过多，拟择时另行讨论）。第40次会议的续会将于2021年5月4日至5日举行，拟讨论为投资争端解决机制改革增加行政资源的问题。

此外，UNCITRAL秘书处在2020年间举办了10次网络研讨会，分别对以下主题进行了讨论：设立咨询中心、ISDS改革的多边文件、缔约国对条约解释的参与和控制机制、ISDS中调解的作用、股东索赔和反射性损失、ISDS中调解的使用、国际投资法咨询中心的费用和资金筹措、仲裁员行为守则草案。

2020年5月1日，ICSID和UNCITRAL的秘书处联合发布了《ISDS仲裁员行为准则》初稿，国家、国际组织和其他利益相关者于11月30日前就该草案提出意见。

贸法会第三工作组2020年主要探讨了如下问题：

1. 仲裁员的遴选和任命

第三工作组于第38届会议续会对此主题予以讨论。现有模式为当事方指定为主，包括仲裁机构在内的任命机构指定为辅。第三工作组认为目前的模式存在决策者缺乏独立性和中立性、缺乏多样性等问题，需要对此予以改革。可能的改革方案总体上分为两种：通过使用预先确定的名单或名册的方式对当事方指定机制予以规制，或设立常设机制。中国在其立场文件中表示，现有ISDS机制存在仲裁员的专业性和独立性受到质疑、仲裁员指定机关的程序不够透明、仲裁员回避制度不够合理等问题。对此，中国首先认为当事方指定仲裁员的权利是国际仲裁的基本特征，也体现了当事方意愿，当事方享有指定仲裁员的权利是一项受到广泛接受的制度安排，对增强争端当事方特别是投资者的信心具有重要帮助，应该在改革进程中予以保留。在保留当事方指定仲裁员权利的同时，需要对仲裁员的资质、利益冲突、遴选和回避程序进行完善，增加透明度和合理性。

2. 上诉机制

第三工作组于第38届会议续会对此主题予以讨论，可能的改革方案主要分为两种：供条约缔约方、争端当事方或机构适用的示范上诉机制，以及常设多边上诉机制。中国在其立场文件中指出现有ISDS机制存在仲裁裁决缺乏稳定性和可预期性，仲裁裁决缺乏合适的纠错机制的问题。中国表示支持对常设上诉机制改革方案开展研究，认为设立基于国际条约的常设上诉机制对推动ISDS的法治化进程具有重要作用。中国同时认为相比于双边投资协定，制定多边规则规范上诉机制是更有效的做法。

3. 仲裁员行为准则

第三工作组于第38届会议对此主题予以讨论，并为秘书处起草《ISDS仲裁员行为准则》（以下简称《行为准则》）提供了原则上的指导。2020年5月1日发布的《行为准则》初稿共有12条。第1条为定义，第2条规定了准则的适用性。第3条总体上规定了仲裁员的职责和义务，第4条至第9条分别具体规定了独立性和中立性、利益冲突：披露义务、多角色限制、廉洁、公平和胜任要求、可投入时间、勤勉和高效、保密。第10条和第11条规定了任命前面谈和费用问题。第12条规定了《行为准则》的执行。中国在其立场文件中指出，现有投资仲裁员指定过程未能充分反映国际公法专业要求。当前的投资仲裁领域缺乏仲裁员的行为守则，仲裁员指定机关的程序不够透明，仲裁员回避制度不够合理。投资仲裁领域还存在仲裁员与律师身份重叠的情形，可能存在利益冲突。因此，中国建议，需要对仲裁员的资质、利益冲突、遴选和回避程序进行完善。仲裁员应具有国际公法、国际经济法领域的专业知识，避免潜在的利益冲突，防止出现仲裁员不当兼任执业律师造成有失公平的情形，并进一步明确利益冲突和事项冲突的具体内涵。

4. 争端的预防和缓和以及替代性争议解决措施

第三工作组于第39届会议对此主题予以讨论，从国家、双边和多边的层面探讨了预防和缓和争端的方式，并强调了进一步探讨调解、调停和其他替代性争议解决方法的必要性。中国在其立场文件中指出，支持纳入仲裁前磋商程序并规定为双方强制性义务，明确磋商主体为投资者和东道国的中央政府，从而避免将争议升级到仲裁程序；应当积极探索建立更加有效的投资调解机制，投资调解可以为东道国和投资者提供高度灵活性和自主性，避免冗长的仲裁程序和高昂的诉讼成本，并利于维护投资者与东道国政府的长期合作关系。

5. 第三方资助

第三工作组于第38届会议对此主题予以讨论，认为第三方资助对仲裁程序和ISDS机制存在负面影响，可能的改革方案包括：完全禁止第三方资助；规制第三方资助，设置包括披露义务在内的透明度机制，并规制资助者。中国在其立场文件中指出，第三方资助可能导致仲裁员与资助方之间存在利益关联，甚至导致利益冲突。东道国对此缺乏信息和管辖权，需要国际间合作或协助，建立相应机制予以解决。因此，中国支持对第三方资助规定透明度纪律，相关方应持续披露有关资助情况，如未履行披露义务，应明确相关方承担的法律后果。

中国积极参与了UNCITRAL第三工作组的ISDS改革工作。2019年7月，中国政府向UNCITRAL第三工作组提交了关于ISDS改革的立场文件，分别从背景情况、ISDS机制存在的主要问题、中国对ISDS改革的目标和方案的考虑、对推进第三工作组工作进程的建议四个方面阐述了中国的立场以及ISDS改革建议。这一文件表明了中国奉行多边主义，认为ISDS机制总体上值得维护，同时也支持 ISDS 改革的立场和态度。中国所提出的现行 ISDS 机制存在的主要问题以及改革方案也与 2020 年第三工作组所讨论的部分改革重点相一致。

（二）中国与 ICSID 规则修订

国际投资争端解决中心（ICSID）于 2016 年 10 月正式启动了 ICSID 规则的修订工作，涉及不同类别的 ICSID 规则，包括行政和财务条例、启动程序规则、《ICSID 公约》下的仲裁和调解规则、ICSID 附加便利下的仲裁和调解规则、事实查明规则和调停规则。ICSID 于 2018 年 8 月、2019 年 3 月和 2019 年 8 月分别发布了第一版至第三版工作文件，对各阶段的规则修订工作进行了总结与陈述。

2020 年 2 月，ICSID 发布了第四版工作文件。基于截至 2020 年 2 月 27 日收到的书面评论，以及 2019 年 11 月 11 日至 15 日与 ICSID 成员国的第三轮磋商，该文件包含了最新版本的修订规则。第四版文件对第三版文件的改动不大，涉及对法语和西班牙语版本采用性别中立的表述、允许行政理事会通过通信投票的方式处理更多事务、建议提供的额外信息以加快后续程序、当事方披露第三方资助者的义务、第一次会议可以以当面或远程方式进行、费用担保等内容。相较于前三版文件，第四版工作文件更加体现了各国在修订规则过程中逐渐达成的一致意见。此次 ICSID 规则修订过程将是 50 多年来 ICSID 争端解决规则变更最大的一次。更新的规则生效后将：

- 减少 ICSID 程序的时间和费用，包括可以将案件平均时间减半的速裁程序；
- 通过新的调停规则、更新的调解规则和事实查明规则，扩大当事方对争端解决机制的可选择范围；
- 进一步提高 ICSID 案件的透明度，并应对 ISDS 中的新问题，如第三方资助等；
- 扩大 ICSID 附加便利下仲裁和调解规则的适用，使这些规则在国际投资争端中得到更广泛的使用；
- 继续在国家和投资者的利益之间取得平衡。

对于第四版工作文件，中国也积极提出了评析和建议，针对 ICSID 规则提出了以下三方面的建议：

1. 条约解释和适用规则[①]

为避免错误或明显不适当的条约解释影响条约规则的正确性与可预见性，中国建议仲裁规则增加一项要求，即仲裁庭在条约解释时应适用《维也纳条约法公约》第31条和第32条的规则。因此，中国建议在第四章中增加一条标题为“条约解释”的独立条款：“在作出命令、决定和裁决时，仲裁庭应当根据《维也纳条约法公约》第31条和第32条，以及当事方间适用的其他国际法规则和原则，对《ICSID公约》第42（1）条提及的国际法规则予以解释。”

2. 第三方资助的披露[②]

考虑到第三方资助对仲裁公平性的影响，中国提议增加第三方资助的透明度，并且明确相关法律后果：

- 为了避免第三方资助导致仲裁员与资助者间产生利益冲突，除了仲裁规则第21（2）条所要求的信息外，资助者的其他信息也应当予以披露，如资助合同或安排的内容以及资助者的国籍。因此，中国提议在第14（1）条中增加“资助合同或安排的内容、国籍”两项披露信息。
- 中国提议在第14条中增加一款：“接受第三方资助的一方不得以该信息为商业秘密信息为由拒绝披露第14条第1款所提及的信息。”
- 相关法律后果应当予以明确。因此，中国提议在第53(4)条中增加：“应另一方的要求，仲裁庭应命令接受第三方资助的一方提供费用担保。”

3. 秘密信息保护[③]

由于投资争议可能涉及政府措施有关的受保护信息，或东道国认为违背其根本安全的信息，此类信息应避免泄露。中国提议在第36条中增加一款：“不得要求被申请人披露其国内法所规定的受保护信息，或任何其认为有悖于其根本安全利益的信息。仲裁庭不得基于被申请人未披露此类信息而得出不

---

① 参见ICSID，“对第四次修订版本的评论”，https://icsid.worldbank.org/sites/default/files/amendments/Compendium%20of%20State%20Comments%20on%20Proposed%20Amendments%20to%20the%20ICSID%20Rules%20-WP%20%23%204%20-%20As%20of%202021.03.23.pdf，第37页。

② 同上，第20页。

③ 同上，第31页。

利推断。”

七、中国仲裁机构、仲裁员和律师参与投资仲裁

（一）中国仲裁机构积极开拓国际投资仲裁业务

近年来，中国仲裁机构在国际投资仲裁领域颇为活跃。北京仲裁委员会/北京国际仲裁中心（以下简称北仲）在2019年发布《北京仲裁委员会/北京国际仲裁中心国际投资仲裁规则》之后，又于2020年发布关于《北京仲裁委员会/北京国际仲裁中心国际投资争端仲裁员行为守则（征求意见稿）》（以下简称《行为守则（征求意见稿）》）的公告。① 中国国际经济贸易仲裁委员会主办了“贸仲杯”国际投资仲裁赛，② 深圳国际仲裁院举办了首届国际模拟投资仲裁（FDI MOOT）中国赛，③ 着力培养投资仲裁后备人才。“中国国际投资仲裁常设论坛”④ 举办了“中欧投资协定与国际投资仲裁改革峰会”⑤，并举办了首届青年优秀论文竞赛⑥。

投资争端案件的裁判者应具备何种资质和应遵循何种行为准则是当下国际社会对于现行投资争端解决机制的重点关切之一。尤其是在ISDS改革的背景下，国际社会普遍认为，投资争端案件的裁判者的资质与行为将受制于更高的标准和更多的约束，这也是缓解投资仲裁合法性危机的重要举措。《行为守则（征求意见稿）》在一定程度上回应了国际社会对国际投资仲裁合法性危

① 请见北仲网站：https://www.bjac.org.cn/news/view?id=3857（最后访问时间：2021年4月15日）。

② 请见贸仲网站：http://www.cietac.org/index.php?m=Article&a=show&id=17435（最后访问时间：2021年2月26日）。

③ 请见深圳国际仲裁院网站：http://www.sccietac.org/Home/Index/newsdetail/id/2891.html（最后访问时间：2021年2月19日）。

④ 该常设论坛由贸仲和西安交通大学法学院倡议发起，联合厦门大学法学院、武汉大学法学院、复旦大学法学院、对外经贸大学法学院、中国人民大学法学院、中国政法大学国际法学院等六家高校和中伦律师事务所、环中律师事务所、环球律师事务所、瑛明律师事务所等四家律所共同创办。见中国贸促会网站：http://www.ccpit.org/Contents/Channel_4132/2019/0225/1130307/content_1130307.htm（最后访问时间：2021年2月19日）。

⑤ 请见贸促会网站：http://www.ccpit.org/Contents/Channel_4132/2021/0327/1333797/content_1333797.htm（最后访问时间：2021年4月19日）。

⑥ 请见贸仲网站：http://www.cietac.org.cn/index.php?m=Article&a=show&id=17417（最后访问时间：2021年2月19日）。

机，对投资争端裁判者的资质和行为方式均作出了较为明确的规定。以披露为例，《行为守则（征求意见稿）》第5条第1款列举了诸多需要进行书面披露的情形并以“其他可能影响公正仲裁的情形”兜底，为仲裁庭、当事人等仲裁参与主体提供较为清晰的指引。此外，第5条第3款还将仲裁员的披露时间范围扩展至仲裁进行过程中，并强调了披露义务不局限于可能对仲裁员适格产生影响的情形。最后，虽然第5条并未直接规定不履行书面披露义务的法律后果，但仲裁员倘若属于北仲《国际投资争端仲裁员名册》，则其对该条文的违反将触发第10条第2款的规定，即北仲将视情节考虑不予续聘直至解聘该仲裁员；同时，鉴于当下的国际实践，仲裁员违反披露义务的行为亦可能成为其回避事项的考量因素之一。

（二）中国国民担任投资仲裁案件仲裁员 / 撤裁委员会委员的情况

根据《关于解决国家与其他国家国民之间投资争端公约》（以下简称1965年《华盛顿公约》）第12条、第13条规定，ICSID设立仲裁员名册，每个缔约国可指派至多4名仲裁员和至多4名调解员，ICSID行政理事会主席可指派10名仲裁员。

作为ICSID成员国，中国指派了香港特别行政区律政司司长郑若骅（Teresa CHENG）女士、贸仲委副秘书长李虎、北京环中律师事务所合伙人王雪华律师、北京张玉卿律师事务所主任张玉卿律师担任仲裁员，指派了外交学院卢松教授、西安交通大学单文华教授、对外经贸大学法学院院长石静霞教授、澳门科技大学法学院院长曾华群教授担任调解员。[①] 此外，清华大学张月姣教授受行政理事会主席指派列入仲裁员名册。[②]

2020年度，张月姣教授作为撤裁委员会委员之一的Victor Pey Casado and President Allende Foundation诉智利案[③] 第二次撤裁程序结束，撤裁委员会驳回了申请人的撤裁申请。随后，张月姣教授被ICSID行政理事会主席指定为

---

① 请见ICSID官方网站：https://icsid.worldbank.org/sites/default/files/ICSID_10.pdf（最后访问时间：2021年2月19日）。所列人员的工作单位和职务为被指派时所在的单位和职务——编者注

② 请见ICSID官方网站：https://icsid.worldbank.org/en/Pages/arbitrators/ViewProfile.aspx?cvid=2296（最后访问时间：2021年2月19日）。

③ Victor Pey Casado and President Allende Foundation v. Republic of Chile（ICSID Case No. ARB/98/2）.

InfraRed Environmental Infrastructure GP Limited and others 诉西班牙案[①]撤裁委员会委员，该案尚处于撤裁程序审理阶段。另外，复旦大学陈治东教授曾以撤裁委员会委员身份参与的 Carnegie Minerals（Gambia）Limited 诉冈比亚案于 7 月审结。[②]

此前，陈安教授曾于 2011 年 9 月在 Border Timbers 等诉津巴布韦和 Bernhard von Pezold 等诉津巴布韦 2 起相关联的投资仲裁案中被指定为仲裁员。[③]2013 年 5 月，陈安教授从仲裁庭辞任。在陈安教授担任该 2 起案件仲裁员期间，仲裁庭曾发布与文件披露与检查、法庭之友（amicus curiae）等事宜有关的程序令等文件。

从公开信息来看，目前尚无中国籍人士以仲裁员或撤裁委员会委员的身份参与非 ICSID 投资仲裁案件审理。

（三）中国律师担任投资仲裁案件代理律师的情况

公开信息显示，以下四家中国律师事务所独立代理或参与代理了投资仲裁案件：一是环球律师事务所在德国海乐公司诉中国案中担任中国政府代理律师，并正在独立代理另一起投资仲裁案件（截至 2021 年 3 月尚未公开）。二是中伦律师事务所代理中国政府参与了三起投资仲裁案件，分别为韩国安城公司诉中国案、英国国民宋宇诉中国案和新加坡国民 Goh Chin Soon 诉中国案，其中第二起案件为中伦独立代理，第三起案件以中伦为主代理；此外，2021 年初，该所代理某中国承包商向加纳政府递交仲裁通知。三是金杜律师事务所在 Macro Trading 诉中国案中担任中国政府代理律师，具体由金杜北京办公室和伦敦办公室代理。四是汇仲律师事务所目前正在 Fengzhen Min 诉韩国案中担任 Fengzhen Min 的代理律师。

（四）中国国民担任投资仲裁案件专家证人的情况

陈安教授曾在谢业深诉秘鲁案中担任秘鲁的专家证人，就 1994 年签订的《中华人民共和国政府和秘鲁共和国政府关于鼓励和相互保护投资协定》（以

---

① InfraRed Environmental Infrastructure GP Limited and others v. Kingdom of Spain（ICSID Case No. ARB/14/12）.

② Carnegie Minerals（Gambia）Limited v. Republic of The Gambia（ICSID Case No. ARB/09/19）.

③ Border Timbers Limited，Timber Products International（Private）Limited，and Hangani Development Co.（Private）Limited v. Republic of Zimbabwe（ICSID Case No. ARB/10/25）; Bernhard von Pezold and others v. Republic of Zimbabwe（ICSID Case No. ARB/10/15）.

下简称中国—秘鲁 BIT）第 8 条第 3 款等出具专家报告。[①] 此外，单文华教授、王贵国教授等曾在 Sanum 诉老挝案的新加坡高等法院程序中，就中国对外签订的双边投资协定对澳门特别行政区的适用以及中老两国政府间往来信函的法律地位等问题出具专家报告。

八、结语和展望

尽管存在新冠肺炎疫情，但 2020 年我国在国际、国内立法层面均取得一系列重大进展，如 RCEP 签署、中欧投资协定谈判完成，《外商投资法》及其司法解释、实施条例正式施行，同时许多投资协定和自贸协定也在 2020 年间开始谈判。在争端解决方面，无论是中国作为被申请人的案件，还是中国投资者作为申请人的案件，在数量上都呈现加速增长趋势，已公开的中国政府被诉案件数量增加 3 起、中国企业起诉案件增加 2 起，而在 2020 年以前程序已经开始的案件也正在推进当中。在参与国际规则制定方面，中国积极参与 ISDS 改革以及 ICSID 规则修订，就贸法会第三工作组第 38 届、第 39 届会议相关议题和 ICSID 规则修订第四版工作文件提交意见。

未来，中欧投资协定将就 ISDS 问题进行谈判，我们期待中欧双方在 ISDS 问题，尤其在是否建立投资法院机制、上诉机制问题上达成一致，朝着全面投资保护的方向迈进；同时也期待中国与其他国家的投资协定谈判取得进一步进展，以提升投资保护水平、促进国际投资。在国内立法方面，《外商投资法》及其配套法规正式施行后已初见成效，[②] 我们相信在未来中国将继续提升其开放水平吸引外资，为外国投资者和外商投资企业提供更加良好的投资法治环境。我们也注意到 2020 年间新增的中国作为被申请人与中国投资者作为申请人的投资仲裁案件数量比往年大幅增长，这些新增案件的未来走向值得关注，同时案件数量增长的趋势也提醒我们：中国的仲裁机构、仲裁员和律师需要更加深度地参与投资仲裁的实践以积累经验、加深对国际投资法律制度的了解，更好地应对涉华投资仲裁案件。我们期待在未来的投资仲裁中将会有越来越多的中国机构和个人参与，推动国际投资法治建设。

---

① Tza Yap Shum v. The Republic of Peru，ICSID Case No. ARB/07/6，Decision on Annulment，第 136 段。

② 关于中国人大法工委对《外商投资法》实施一周年效果的介绍，详情请参见：http://www.npc.gov.cn/npc/c30834/202102/3e7855faa3e645688911fd59a5599dd1.shtml（最后访问时间：2021 年 3 月 14 日）。

附件一：中国作为被申请人的投资仲裁案件（截至 2021 年 3 月）[①]

序号	持续年份[①]	案件简称	投资者国籍	投资者类型	争议领域	管辖权依据（简称）	仲裁规则	机构参与	仲裁结果 / 最新程序进展
程序终结的案件									
1	2011–2013	伊佳兰诉中国[②]	马来西亚（东南亚）	中小型企业	不动产	中国—马来西亚 BIT（1988）；中国—以色列 BIT（1995）	ICSID 规则	ICSID 受理	争议双方和解。
2	2014–2017	安城诉中国[③]	韩国（东亚）	中小型企业	不动产	中国—韩国 BIT（2007）	ICSID 规则	ICSID 受理	仲裁庭作出“早期驳回”裁决。
程序尚未终结的案件									
3	2017 年至今	海乐诉中国[④]	德国（西欧）	中小型企业	不动产	中国—德国 BIT（2003）	ICSID 规则	ICSID 受理	该案处于管辖权和实体问题的不分步审理阶段。目前书面程序已结束，仲裁庭于 2020 年 9 月 25 日发布关于庭审安排的第六号程序令（未公开）。

① 本表格中，机构仲裁以立案年份为案件开始年份，非机构仲裁以投资者一方发出《仲裁申请书》的年份为案件开始年份。

② Ekran Berhad v. People’s Republic of China（ICSID Case No. ARB/11/15）https://icsid.worldbank.org/en/Pages/cases/casedetail.aspx?CaseNo=ARB/11/15（最后访问时间：2021 年 4 月 20 日）。

③ Ansung Housing Co., Ltd. v. People’s Republic of China（ICSID Case No. ARB/14/25）https://icsid.worldbank.org/en/Pages/cases/casedetail.aspx?CaseNo=ARB/14/25（最后访问时间：2021 年 4 月 20 日）。

④ Hela Schwarz GmbH v. People’s Republic of China（ICSID Case No. ARB/17/19）https://icsid.worldbank.org/en/Pages/cases/casedetail.aspx?CaseNo=ARB/17/19（最后访问时间：2021 年 4 月 20 日）。

续表

序号	持续年份	案件简称	投资者国籍	投资者类型	争议领域	管辖权依据（简称）	仲裁规则	机构参与	仲裁结果 / 最新程序进展
4	2019 年至今	宋宇诉中国[①]	英国（西欧）	自然人	未公开	未公开	未公开	PCA 管理	管理机构未公开该案仲裁程序信息，但根据公开信息可知该案已完成组庭。[②]
5	2020 年至今	Macro Trading 诉中国[③]	日本（东亚）	中小型企业	不动产	中国—日本 BIT（1988）	ICSID 规则[④]	ICSID 受理[⑤]	该案于 2020 年 6 月 29 日立案，2020 年 11 月 16 日组庭。由于申请人未按有关规定缴纳预付款，该案仲裁程序于 2021 年 1 月 7 日中止。2021 年 2 月 6 日，该案仲裁程序因仲裁庭出现空缺中止。
6	2020 年至今	吴振顺诉中国[⑥]	新加坡（东南亚）	自然人	不动产	中国—新加坡 BIT（1985）	ICSID 规则[⑦]	ICSID 受理[⑧]	该案于 2020 年 9 月 16 日立案，目前仍处于组庭阶段。

① Jason Yu Song（United Kingdom）v. People’s Republic of China（case no. PCA 2019-39）https://pca-cpa.org/en/cases/241/（最后访问时间：2021 年 4 月 20 日）。

② 公开信息显示，该案为中英文双语程序，也是涉及中国或中国投资者的投资仲裁中目前唯一一起已知的以中文作为仲裁语言的案件。

③ Macro Trading Co., Ltd. v. People’s Republic of China（ICSID Case No. ARB/20/22）https://icsid.worldbank.org/cases/case-database/case-detail?CaseNo=ARB/20/22（最后访问时间：2021 年 4 月 20 日）。

④ 根据中日 BIT 第 11 条第 2 款和第 5 款，仲裁程序由仲裁委员会“参考”1965 年《华盛顿公约》制定。

⑤ 根据中日 BIT 第 11 条，该案应为临时仲裁，但 ICSID 将该案注册为机构仲裁。

⑥ Goh Chin Soon v. People’s Republic of China（ICSID Case No. ARB/20/34）https://icsid.worldbank.org/cases/case-database/case-detail?CaseNo=ARB/20/34（最后访问时间：2021 年 4 月 20 日）。

⑦ 根据中新 BIT 第 13 条第 6 款，仲裁庭应“参考”ICSID 公约自行制定仲裁程序。

⑧ 根据中新 BIT 第 13 条，该案应为临时仲裁，但 ICSID 将该案注册为机构仲裁。

续表

序号	持续年份	案件简称	投资者国籍	投资者类型	争议领域	管辖权依据（简称）	仲裁规则	机构参与	仲裁结果 / 最新程序进展
7	2020 年至今	亚化集团诉中国①	新加坡（东南亚）	新加坡凯利板上市公司	矿业	中国—新加坡 BIT（1985）	未知②	未知	根据 2021 年 1 月 15 日有关媒体报道，该案仍处于组庭阶段。
程序尚未开始的案件									
*	N/A③	Eugenio Montenero 诉中国④	瑞士（西欧）	自然人	文化娱乐	中国—瑞士 BIT（2009）	未知⑤	未知⑥	投资者已提交争议通知，投资协定下的 6 个月“冷静期”开始计算，但投资者尚未提交仲裁通知。

① 该案尚未公开（或未产生）管理机构，相关信息系根据 iareporter 相关报道和亚化集团相关公告总结，并非仲裁庭发布的官方信息。见 ASIAPHOS V. CHINA https://www.iareporter.com/arbitration-cases/asiaphos-v-china/（最后访问时间：2021 年 4 月 20 日）。

② 根据中新 BIT 第 13 条第 6 款，仲裁庭应“参考”ICSID 公约自行制定仲裁程序。

③ 中国—瑞士 BIT（2009）规定了 6 个月冷静期。该案中，投资者已依据中国—瑞士 BIT（2009）提起书面请求磋商，但公开信息显示，投资者尚未提交仲裁通知。据此，该案仲裁程序尚未开始。

④ 该案相关信息系根据 iareporter 相关报道总结，见 CHINA IS PUT ON NOTICE OF TREATY-BASED DISPUTE OVER THWARTED JAZZ FESTIVAL https://www.iareporter.com/articles/china-is-put-on-notice-of-treaty-based-dispute-over-thwarted-jazz-festival/（最后访问时间：2021 年 4 月 20 日）。

⑤ 中国—瑞士 BIT（2009）规定，投资者有权选择依据 ICSID 规则提交仲裁，或依据贸法会规则提交临时仲裁。

⑥ 投资者依据中国—瑞士 BIT（2009）规定，有权选择将争议提交 ICSID 仲裁或临时仲裁。

附件二：中国投资者[①]作为申请人提起的投资仲裁案（截至2021年3月）

序号	持续年份	案件简称	东道国	国家分类[②]	投资者类型	争议领域	管辖权依据	仲裁规则	机构参与	仲裁结果/最新程序进展
程序终结的案件										
1	2007–2015	谢业深诉秘鲁[③]	秘鲁（南美）	发展中	中小型企业	食品生产	中国—秘鲁BIT（1994）	ICSID规则	ICSID受理	仲裁庭作出有利于投资者的裁决。
2	2010–2017	北京首钢诉蒙古[④]	蒙古（东北亚）	发展中	大型国有企业	矿业权	中国—蒙古BIT（1991）	贸法会规则	PCA管理	仲裁庭以缺乏管辖权驳回投资者的仲裁请求。
3	2010–2018	渣打银行（香港）诉坦桑尼亚电力供应公司[⑤]	坦桑尼亚（非洲）	最不发达	大型跨国金融机构	能源	投资合同	ICSID规则	ICSID受理	仲裁庭作出有利于投资者的裁决。

① 据我们了解，除了中国投资者直接提起的案件外，截至2021年3月，也有一些中国投资者借由其与外方在海外设立的合资公司提起投资仲裁程序，其中最受关注的应当是前文所述的紫金矿业与巴里克黄金的巴新合资公司于2020年7月9日向ICSID提起的调解程序。由于此类案件并不属于中国籍投资者作为申请人直接提起的投资仲裁案件，因此并未包括在本次统计中。

② 即相关案件中的东道国是国际货币基金组织（IMF）认定的发达经济体或发展中经济体；其中，国际货币基金组织认定的发展中经济体如果被联合国发展政策委员会认定为最不发达国家的，本表中根据联合国发展政策委员会认定的结果将其标注为最不发达国家。

③ Tza Yap Shum v. Republic of Peru (ICSID Case No. ARB/07/6) https://icsid.worldbank.org/en/Pages/cases/casedetail.aspx?CaseNo=ARB/07/6（最后访问时间：2021年4月20日）。

④ Beijing Shougang and others v. Mongolia, PCA Case No. 2010–20 https://pca-cpa.org/en/cases/48/（最后访问时间：2021年4月20日）。

⑤ Standard Chartered Bank (Hong Kong) Limited v. Tanzania Electric Supply Company Limited (ICSID Case No. ARB/10/20) https://icsid.worldbank.org/en/Pages/cases/casedetail.aspx?CaseNo=ARB/10/20（最后访问时间：2021年4月20日）。

续表

序号	持续年份	案件简称	东道国	国家分类	投资者类型	争议领域	管辖权依据	仲裁规则	机构参与	仲裁结果 / 最新程序进展
4	2011–2017	Philip Morris 诉澳大利亚[①]	澳大利亚（澳洲）	发达	大型跨国公司	烟草加工	中国香港特别行政区—澳大利亚BIT（1993）	贸法会规则	PCA 管理	仲裁庭以缺乏管辖权为由驳回投资者的仲裁请求。
5	2012–2015	中国平安诉比利时[②]	比利时（西欧）	发达	大型金融机构	金融	中国—比利时卢森堡经济联盟 BIT（1984/2005）	ICSID 规则	ICSID 受理	仲裁庭以缺乏管辖权为由驳回投资者的仲裁请求。
6	2012–2019	Sanum 诉老挝（一）[③]	老挝（东南亚）	最不发达	中小型企业	博彩	中国—老挝 BIT（1993）	贸法会规则	PCA 管理	仲裁庭作出有利于东道国的裁决。
7	2014–2018	北京城建诉也门[④]	也门（西亚）	最不发达	大型国有企业	建设工程	中国—也门 BIT（1998）	ICSID 规则	ICSID 受理	仲裁庭作出有利于投资者的管辖权决定，实体审理阶段双方和解。

① Philip Morris Asia Limited v. The Commonwealth of Australia, UNCITRAL, PCA Case No. 2012–12 https://www.italaw.com/cases/Philip Morris Asia Limited v. The Commonwealth of Australia, UNCITRAL, PCA Case No. 2012–12（最后访问时间：2021 年 4 月 20 日）。

② Ping An Life Insurance Company of China, Limited and Ping An Insurance (Group) Company of China, Limited v. Kingdom of Belgium (ICSID Case No. ARB/12/29) https://icsid.worldbank.org/en/Pages/cases/casedetail.aspx?CaseNo=ARB/12/29（最后访问时间：2021 年 4 月 20 日）。

③ Sanum Investments Limited v. Lao People's Democratic Republic, UNCITRAL, PCA Case No. 2013–13 https://www.italaw.com/cases/2050（最后访问时间：2021 年 4 月 20 日）。

④ Beijing Urban Construction Group Co. Ltd. v. Republic of Yemen (ICSID Case No. ARB/14/30) https://icsid.worldbank.org/en/Pages/cases/casedetail.aspx?CaseNo=ARB/14/30（最后访问时间：2021 年 4 月 20 日）。

续表

序号	持续年份	案件简称	东道国	国家分类	投资者类型	争议领域	管辖权依据	仲裁规则	机构参与	仲裁结果 / 最新程序进展
8	2015–2019	渣打银行（香港）诉坦桑尼亚[①]	坦桑尼亚（非洲）	最不发达	大型跨国金融机构	能源	投资合同	ICSID 规则	ICSID 受理	仲裁庭作出有利于投资者的裁决。
9	2019	Jetion 及 T–Hertz 诉希腊[②]	希腊（南欧）	发达	中小型企业	能源	中国—希腊 BIT（1992）	贸法会规则	不适用	案件程序终止。
程序尚未终结的案件										
10	2017年至今	Sanum 诉老挝（二）[③]	老挝（东南亚）	最不发达	中小型企业	博彩	中国—老挝 BIT（1993）	ICSID 附加便利规则[④]	ICSID 管理	案件处于管辖权和实体问题的不分步审理阶段。
11	2020年至今	Fengzhen Min 诉韩国[⑤]	韩国（东亚）	发达	自然人	不动产	中国—韩国 BIT（2007）	ICSID 规则	ICSID 受理	该案于 2020 年 8 月 3 日立案，2021 年 2 月 1 日组庭，被申请人于 2021 年 2 月 5 日提出“早期驳回”异议。

① Standard Chartered Bank (Hong Kong) Limited v. United Republic of Tanzania (ICSID Case No.ARB/15/41) https://icsid.worldbank.org/en/Pages/cases/casedetail.aspx?CaseNo=ARB/15/41（最后访问时间：2021 年 4 月 20 日）。

② Jetion Solar Co. Ltd and Wuxi T–Hertz Co. Ltd. v. Hellenic Republic https://investmentpolicy.unctad.org/investment–dispute–settlement/cases/975/jetion–and–t–hertz–v–greece（最后访问时间：2021 年 4 月 20 日）。

③ Sanum Investments Limited v. Lao People’s Democratic Republic (ICSID Case No. ADHOC/17/1) https://icsid.worldbank.org/en/Pages/cases/casedetail.aspx?CaseNo=ADHOC/17/1（最后访问时间：2021 年 4 月 20 日）。

④ 本仲裁为非机构仲裁，仲裁规则由双方当时人约定。

⑤ Fengzhen Min v. Republic of Korea (ICSID Case No. ARB/20/26) https://icsid.worldbank.org/cases/case–database/case–detail?CaseNo=ARB/20/26（最后访问时间：2021 年 4 月 20 日）。

续表

序号	持续年份	案件简称	东道国	国家分类	投资者类型	争议领域	管辖权依据	仲裁规则	机构参与	仲裁结果 / 最新程序进展
12	2020年至今	Wang King 等诉乌克兰[①]	乌克兰（东欧）	发展中	大型民营企业	机械制造	中国—乌克兰BIT（1992）	未知[②]	未知[③]	2020年12月5日，申请人向被申请人提交《仲裁申请书》，启动临时仲裁程序。
13	未公开[④]	香港投资者（未公开）诉日本	日本	发达	未公开	可再生能源	中国香港特别行政区—日本BIT（1997）	贸法会规则	ICSID 管理	未公开，但根据有关报道可知该案已完成组庭。[⑤]

① 该案相关信息系根据 iareporter 相关报道总结，并非仲裁庭发布的官方信息。WANG KING ET AL. V. UKRAINE https://www.iareporter.com/arbitration-cases/wang-king-et-al-v-ukraine/（最后访问时间：2021年4月20日）。

② 根据中国—乌克兰 BIT 第10条第3款，仲裁庭应自行制定其程序规则，在此种情况下仲裁庭在制定程序时可以参照斯德哥尔摩商会仲裁院规则。

③ 根据中国—乌克兰 BIT 第10条，该案应为临时仲裁。

④ 截至2021年3月，ICSID 尚未公开该案件，该案相关信息系根据 iareporter 相关报道总结，见 HONG KONG INVESTORS (IDENTITY UNVERIFIED) V. JAPAN https://www.iareporter.com/arbitration-cases/hong-kong-investors-identity-unverified-v-japan/（最后访问时间：2021年4月20日）。

⑤ 据报道，该案仲裁庭成员为 A. Rigo Sureda（首席仲裁员）、Stanimir A. Alexandrov（申请人指定）和 Zachary DOUGLAS（被申请人指定）。

续表

序号	持续年份	案件简称	东道国	国家分类	投资者类型	争议领域	管辖权依据	仲裁规则	机构参与	仲裁结果 / 最新程序进展
14	2021 年至今	Beijing Everyway Traffic and Lighting Tech Co. Ltd . 诉加纳[①]	加纳（非洲）	发展中	中小型企业	建设工程	中国—加纳 BIT（1989）	未知[②]	未知[③]	2021 年 2 月 10 日，申请人向被申请人提交《仲裁通知》，启动临时仲裁程序。
程序尚未开始的案件										
*	N/A[④]	华为对瑞典提起争议通知[⑤]	瑞典（北欧）	发达	大型民营企业	电信	中国—瑞典 BIT（1982）及“2004 年议定书”	未知[⑥]	未知[⑦]	投资者已提交争议通知，投资协定下的 3 个月“冷静期”开始计算，但投资者尚未提交仲裁通知，仲裁程序尚未开始。

① 该案相关信息系根据 Global Arbitration Review 相关报道总结，并非仲裁庭发布的官方信息，见 Chinese Company Brings Claim against Ghana, https://globalarbitrationreview.com/chinese-company-brings-claim-against-ghana（最后访问时间：2021 年 4 月 20 日）。

② 根据中国—加纳 BIT 第 10 条第 3 款，该案仲裁庭应自行制定其程序，但仲裁庭在制定程序时可以参照斯德哥尔摩商会仲裁院规则或 ICSID 规则。

③ 根据中国—加纳 BIT 第 10 条，该案应为临时仲裁。

④ 2004 年 9 月 27 日，中国和瑞典政府签订中国—瑞典 BIT 议定书，双方同意在一国投资者提出书面争议通知三个月后争议仍未解决的情况下，将争议提交机构或临时仲裁。2020 年 12 月 31 日，iareporter 报道了华为已依据中国—瑞典 BIT 提起争议通知，但公开信息显示，华为尚未提交仲裁通知。据此，该案仲裁程序尚未开始。

⑤ 该案相关信息系根据 iareporter 相关报道总结，并非仲裁庭发布的官方信息，见 Huawei v. Sweden, Notice of Dispute, December 31, 2020 https://www.iareporter.com/articles/pdfdownloads/huawei-v-sweden-notice-of-dispute-december-31-2020/（最后访问时间：2021 年 4 月 20 日）。

⑥ 中国—瑞典 BIT（1982）的“2004 年议定书”第 6 条第 3 款规定，投资者有权选择依据 ICSID 规则提交仲裁，或依据贸法会规则提交临时仲裁。

⑦ 投资者依据中国—瑞典 BIT（1982）的“2004 年议定书”第 6 条第 3 款规定有权选择将争议提交 ICSID 仲裁或临时仲裁。

仲裁案件采用小时费率计收仲裁员报酬的实务问题分析

——兼评《北京仲裁委员会/北京国际仲裁中心关于采用小时费率计收仲裁员报酬的操作指引》

黄　瑞*

• 摘要

本文以北京仲裁委员会/北京国际仲裁中心（以下简称北仲）先后于2019年9月1日、2021年7月1日发布实施的《北京仲裁委员会仲裁规则》《关于采用小时费率计收仲裁员报酬的操作指引》为依据，针对北仲就仲裁案件收费制度改革中关于仲裁案件采用小时费率计收仲裁员报酬的实务问题，在讨论仲裁服务的合同关系基础上，从当事人、仲裁员及仲裁机构等不同视角提出了分析意见和相关建议。

• 关键词

仲裁员报酬　小时费率　工作小时　北仲　仲裁费用

Abstract: Based on the Arbitration Rules of Beijing Arbitration Commission/ Beijing International Arbitration Center（BAC/BIAC）effective as of 1 September 2019 and Guide to Practice for Arbitration

---

* 黄瑞，北京仲裁委员会/北京国际仲裁中心仲裁员，中国通用咨询投资有限公司原总法律顾问。感谢北京仲裁委员会/北京国际仲裁中心陈福勇副秘书长、姜秋菊处长及编辑沈韵秋女士的宝贵建议。

with Arbitrator's Fees Calculated Based on Hourly Rate Effective as of 1 July 2021, with respect to the practical issues of arbitrations with arbitrator's fees calculated based on hourly rate included in the reform conducted by BAC/BIAC, this paper discusses relevant analysis and proposes corresponding suggestions from different angle of the parties, arbitrator as well as arbitration institution after analyzing the contractual relationship relating to arbitration services.

Key Words: arbitrator's fees, hourly rate, working hours, BAC/BIAC, arbitration fees

一、引言

（一）北仲2019年开启国际、国内仲裁案件均可采用小时费率计酬的创新改革

北仲自2019年9月1日起施行新的《北京仲裁委员会仲裁规则》（以下简称《仲裁规则》），对仲裁案件收费和仲裁员报酬计收方式率先开启了全面改革，包括：（1）统一国内案件和国际案件收费标准。[①]（2）在案件收费标准中将“仲裁员报酬”和“机构费用”分开、单列计算，并列明“仲裁员报酬”直接与争议金额挂钩的总额计算方式（以下简称总价计酬）。（3）规定在当事人约定的情况下，“仲裁员报酬”可以按照小时费率计算[②]（以下简称小时费率计酬）。

① 北仲2019年《仲裁规则》附录1不加区分地适用于国内仲裁案件和国际商事仲裁案件。此前，2015年4月1日生效的《北京仲裁委员会仲裁规则》附录1“北京仲裁委员会案件受理费收费办法”和“北京仲裁委员会案件处理费收费办法”适用于国内仲裁案件，附录2“国际商事仲裁案件收费办法”适用于国际商事仲裁案件。

② 北仲2019年《仲裁规则》附录1：“北京仲裁委员会案件收费标准”第6条规定：“在当事人约定的情况下，仲裁员报酬可以按照小时费率计算：（1）当事人选定的仲裁员，其适用费率由仲裁员和选定该仲裁员的当事人协商确定；（2）独任仲裁员或首席仲裁员适用费率由仲裁员和各方当事人协商确定；（3）如当事人未能在约定或本会通知的期限内协商确定仲裁员适用费率，可由本会确定；（4）无论通过何种方式确定，仲裁员小时费率原则上不得超过5000元；（5）当事人约定按小时费率计算仲裁员报酬的情况下，本会可以根据案件程序进展情况要求当事人预交适当金额的仲裁员报酬；（6）当事人就仲裁员报酬的支付承担连带责任，无论该仲裁员由哪方当事人选定。”

国际仲裁实践中，仲裁员报酬采用小时费率单价方式计收是普遍做法。北仲在国际商事仲裁案件中早有相关规定。但是，在北仲施行其2019年《仲裁规则》之前，中国仲裁机构就国内仲裁案件的收费，没有关于按照小时费率计算仲裁员报酬的规定。① 此前，中国仲裁机构管理的国内仲裁案件收费，基本以"案件受理费"和"案件处理费"的形式区分，采用二者与案件争议金额挂钩的总价方式计算；实践中，"仲裁员报酬"在案件收费中以总价方式包含于"案件受理费"和"案件处理费"，具体金额或计算方式均不明晰（以下简称间接总价计酬）。此外，国内仲裁案件不提供只要当事人约定即可采用小时费率计酬的选择机会。

北仲参照国际商事仲裁案件成熟的收费实践，对国内案件收费制度进行了一视同仁的改革，及时呼应、契合了近年来不断涌现的国内巨额争议案件对单价方式计收仲裁员报酬的迫切需求，所以，《仲裁规则》一经发布，立即引起仲裁业界的广泛关注和热烈讨论，获得律师和公司企业的普遍欢迎和赞誉，并已经在实际案件中获得当事人的约定选用②。

（二）2021年发布《操作指引》标志着北仲形成小时费率计酬的制度体系

2021年7月1日，北仲发布施行《关于采用小时费率计收仲裁员报酬的操作指引》（以下简称《操作指引》），进一步就《仲裁规则》附录1中仲裁员报酬按照小时费率计收的具体事项作出规定。③ 这标志着北仲已形成较完备的小时费率计酬制度体系。

《操作指引》共计9条39款，分属三类规定。第一类为前六条，是按照实务操作顺序，从当事人约定适用小时费率开始，直至仲裁员报酬的结算与承担，对正常流程进行规定。第二类为第7条、第8条，是就两个可能涉及

---

① 虽然根据贸仲2015年1月1日起施行的《中国国际经济贸易仲裁委员会仲裁规则》第82条第1款规定，贸仲管理的国内仲裁案件中也存在仲裁员按照小时费率标准计收"特殊报酬"的情形，但是，该规则附件二中"仲裁费用表（二）"显示，适用国内仲裁案件的收费标准也是以区分"案件受理费"和"案件处理费"，以争议金额总额为基础按比例进行分别计算。

② 《北京仲裁委员会/北京国际仲裁中心〈关于采用小时费率计收仲裁员报酬的操作指引〉发布及说明》（发布时间2021年7月1日，供稿人：姜秋菊）显示，北仲已受理当事人选用小时费率计酬的案件。详见 https://www.bjac.org.cn/news/view?id=3961，最后访问时间：2021年7月6日。

③ 《操作指引》第9.3款规定："除非当事人另有约定，本操作指引将自动适用于采用小时费率计收仲裁员报酬的本会仲裁案件。"

的特别事项——工作小时异议复核、裁决书留置，分别进行规定。第三类为第9条，是关于适用、解释等杂项规定。

总体来看，《操作指引》在广泛吸收业界意见的基础上[①]，既立足于中国仲裁实际，又充分参考国际商事仲裁收费经验，创新性地形成了权责平衡、清晰高效、可一体适用之流程机制。《操作指引》不仅因视野覆盖国际、国内商事仲裁收费中的多种不同需求，在考虑流程顺畅便捷的同时，预留了应对不同个性化需求和问题处理的空间，而且，因兼顾中国仲裁立法和司法资源现状及国内仲裁的特点，还发挥仲裁机构公信力作用、创设了填补性的工作小时异议复核及决定机制——这些都为北仲收费机制改革的顺利高效实施，奠定了坚实基础。笔者认为，随着《操作指引》的实施推进，可以预期，北仲将由收费制度改革期转入规模化实务操作期。

（三）仲裁案件小时费率计酬的改革面临落地问题

毋庸赘言，对于国际、国内仲裁案件收费，北仲向当事人提供新的同等选择机会，仅就其向仲裁用户传递的服务导向，也必然受到欢迎。但是，需要看到，因获得更多选择权而肯定这种制度创新，和当事人是否实际选择小时费率计酬方式，并不必然等同。

需求决定市场，同时，供给也约束着需求的现实转化。即使制度创新契合了仲裁用户即当事人的需求，当事人能否真正开始并持续尝试小时费率计酬，也受制于实施中能否获得良好的服务供给。因仲裁是由当事人、仲裁员、仲裁机构共同参与、互动的系列行为过程，故而，每个案件的效能品质体验都受到各参与方的意愿、能力及水平的影响。不仅从行为学的角度看，各个当事人是否愿意及能否达成约定，存在多种影响因素；而且，从能否规模化、可持续实施的角度看，仲裁员群体能否较快适应并积极尝试，以及仲裁机构的管理理念和督导能力，都将共同影响这种制度创新能否持续转化成为实实在在的创新服务供给。经验显示，任何改变本身都需要注入新的动力。下文讨论的实务问题应对，若能良好进行，既是个案中对实施小时费率计酬需求的满足，总体而言也将构成对仲裁案件小时费率计酬需求的新启发和再创造；反之，则可能在不同程度上影响或抑制潜在需求的现实转化。

---

① 北仲在公布实施《操作指引》之前，向仲裁员就实务和文件内容进行了多轮意见征询，并在2020年9月1日公开向社会发布征求意见稿，广泛听取各界的反馈意见。

考虑到中国仲裁法律制度背景、司法监督和支持环境以及中国法律服务收费习惯，本文试图从当事人、仲裁员、仲裁机构等不同视角，以北仲的《仲裁规则》《操作指引》为制度依据，讨论仲裁案件小时费率计酬制度落地的主要实务问题，进而分析相关挑战并展望未来对行业的影响。

二、当事人为什么要选择小时费率计酬

北仲的制度落地离不开案件当事人共同约定这一基础。与国际仲裁法律服务人士（包括案件代理律师、仲裁员等）普遍采用小时费率单价方式收费的基础不同，国内的案件律师代理服务普遍采用与案件争议金额挂钩的总价方式收费，而仲裁员小时费率计酬亦处于初步探索阶段，那么，实务讨论的第一个问题便是：当事人为什么要选择小时费率计酬？

笔者认为，答案是北仲的制度创新及服务供给，对部分仲裁案存在“准刚需性”。具体分析如下：

（一）能够大幅降低大金额争议案件的仲裁费用

首先，当事人希望大幅降低争议金额巨大的案件仲裁费用。近年来，随着中国公司项目体量的增大，争议金额数亿元、十数亿元的案件不断涌现，数十亿元甚至上百亿元的案件（以下简称巨额争议案件）也非绝无仅有。不论当事人按照国内哪个仲裁机构的收费标准计算，都将发生高额仲裁费用。顺便一提，以总价方式计收的巨额争议诉讼费用亦不低。[①] 在总价收费体系下，一旦发生巨额争议案件，则出现仲裁费用本身就极高的计算结果，相应地，仲裁员报酬金额也一再刷新纪录。超高的仲裁员报酬和实际的专业劳务付出是否严重失衡，成为业界普遍关注和反思的问题，但总价收费体系自身显然难以从根本上解决巨额争议案件计算模型的边界问题。所以，北仲率先就国内、国际仲裁案件提供同等的小时费率计酬之自由选择，对巨额争议案件可谓是跳出总价计酬模型另辟蹊径，从经济学角度看是满足巨额争议案件费用控制刚需的稀缺性供给。事实上，已有当事人从北仲的改革中显著受益。例如，某争议金额超过 50 亿元的国际程序仲裁案件，双方同意选择小时费率计酬。结果就仲裁员报酬支出仅数十万元，与总价计酬相比节约仲裁费用超过 1000 万元。

---

① 还需要考虑一审之后的二审甚至再审费用。

此外，对非巨额争议案件，当事人可以视案件复杂程度及具体争议金额，选择更具性价比优势的小时费率计酬。与上述争议金额绝对值巨大、只要能够选择单价方式就能降低费用的情况有所不同，有的案件争议金额可能在常规范畴之内，但是，因争议事项简单，例如，普通的大额借贷合同欠款案件，可能形成小时费率计酬的性价比优势。又如，对于普通程序案件，如果双方共同约定由独任仲裁员组庭审理，并选择小时费率计酬，与总价计酬的案件相比，也可能获得有效控制仲裁费用的好处。

（二）能够有效降低预交仲裁费用的资金压力

与总价计酬时当事人[①]应预交全部“仲裁员报酬”和“机构费用”[②]不同，《操作指引》关于仲裁费用中“仲裁员报酬”款项的预付交纳及部分裁决等相关规定，能够有效降低当事人的资金压力，具体包括：（1）北仲考虑案件复杂程度、仲裁员的小时费率及预计工作用时等因素，综合确定仲裁员报酬的预付款[③]——这在巨额争议案件中，预付款金额总体上比总价计酬金额大幅减少，可有效减轻相应资金压力；（2）除非有特殊情况，预付款原则上由双方对半预交，[④]虽然为避免一方不按期预交拖延程序也预留了另一方可代交的空间；（3）北仲还可能在具体仲裁程序中，决定分阶段收取相应预付款，[⑤]有效减轻前期预交资金压力；（4）对于已经向仲裁员分阶段支付的报酬，经当事人申请，仲裁庭可以在案件审理过程中，就已经支付的预付款的承担作出部分裁决。[⑥]相应地，预交费用的一方当事人还可以在仲裁程序中，就要求对方补偿裁决的费用承担金额或申请强制执行。

（三）能够明显改善当事人的仲裁体验，提高仲裁庭工作投入的透明度

当事人如果约定小时费率计酬，在享有总价计酬既有权利的基础上，还

① 通常，在没有仲裁反请求的案件中，仅指申请人；在有仲裁反请求的案件中，包括申请人与被申请人。

② 间接总价计酬的比较情况也类似，即当事人需全额预交“案件受理费”和“案件处理费”。总价计酬和间接总价计酬的区别在于不同分类及总的预交费用金额差异。因非本文讨论重点，不再一一细述。

③ 《操作指引》第3.2款。

④ 《操作指引》第3.1款。

⑤ 《操作指引》第3.2款。

⑥ 《操作指引》第6.5款。

享有：（1）通过北仲与选定仲裁员协商确定小时费率；（2）参与独任或首席仲裁员小时费率的协商确定；（3）知晓仲裁员的案件工作小时；（4）就仲裁员计算的工作小时申请异议复核等更为充分清晰的权利，以及相应产生的由仲裁员平等提供专业服务的良好感受。而代理律师和律师事务所则更可能因持续积累案件信息，形成或加深对不同仲裁员职业操守、专业能力及职业特点的综合了解，从而形成并加强自己对仲裁案件依法合规预判的核心竞争力，为客户提供更优质的专业服务。

特别值得一提的是，在国内仲裁案件的总价收费体系下，不论当事人在哪个仲裁机构仲裁，均无从知晓仲裁庭为其案件实际付出了多少工作量，也无从知晓三人仲裁庭中各个仲裁员的具体工作量。而选择小时费率计酬后，北仲会在每个案件裁决前向各当事人通告每位仲裁员的工作小时，从而大大提高仲裁庭工作信息的透明度，也帮助各方当事人更全面、清晰地了解不同仲裁员在案件中的投入情况。

三、采用小时费率计酬收费与总价计酬收费的共性与差异

对于仲裁案件，以其仲裁费用中“仲裁员报酬”计收方式不同为标准（即是采用单价收费还是总价收费），可以分为小时费率计酬收费案件与总价计酬收费案件。[①] 考虑到中国当事人的习惯，《仲裁规则》规定案件的默认收费方式为总价计酬收费。

采用小时费率计酬收费与总价计酬收费，共性在于均不影响仲裁费用中“机构费用”采用与争议金额单独累进挂钩计收的总价金额，差异则在于二者关于“仲裁员报酬”的不同计收方式。笔者认为，北仲创新制度提供两类收费案件的选择空间，反映出中国仲裁机构进一步改革转向为当事人平等提供仲裁专业服务的新趋势，有利于仲裁机构和仲裁员在责权利明晰的基础上分别提升各自专业服务水平，为仲裁行业的健康可持续发展做出有益探索。具体分析如下：

---

① 从单价还是总价方式的角度看，间接总价计酬收费案件和总价计酬收费案件的性质相同，通常都是仲裁员报酬不因工作量多少而发生变化，仲裁员因其仲裁服务获得与争议金额存在一定挂钩关系的固定总价报酬。下述关于总价计酬收费案件的定性分析，亦可适用于间接总价计酬收费案件，文中不再一一标注。

（一）仲裁案件中当事人、仲裁机构及仲裁员的关系

从仲裁服务的合同关系看，当事人仲裁协议的实质，是由约定的仲裁机构和依据仲裁规则组成仲裁庭的仲裁员，共同为合同当事人依法提供仲裁服务。

具体而言，合同当事人在达成仲裁协议时，先共同约定了同意由约定的仲裁机构按照仲裁规则提供仲裁服务，且仲裁裁决对合同当事人具有法律约束力；在发生争议提起仲裁时，仲裁机构依法与案件当事人[①]共同按照约定的仲裁规则组建仲裁庭，由组成仲裁庭的仲裁员确认接受指定或选定，从而加入仲裁协议成为具体案件所涉仲裁服务的共同提供方，与仲裁机构依法依约、各司其职地为案件当事人共同提供仲裁服务——相对于具体仲裁案件的当事人而言，仲裁员和仲裁机构共同构成按照仲裁协议依法提供仲裁服务的服务方；仲裁机构提供的是依法依约管理仲裁全流程的专业服务（包括从立案咨询开始直至裁决书核阅、作出、送达及其后可能涉及的必要处理），仲裁员提供的则是依法依约审理和裁决的专业服务。

（二）小时费率计酬收费与总价计酬收费的共性

与上述仲裁服务关系相对应，在一个仲裁案件中，仲裁机构和仲裁员各司其职地共同提供仲裁服务，应分别收取各自费用。小时费率计酬或总价计酬是“仲裁员报酬”的计收方式，均不改变仲裁机构的服务收费，即“机构费用”。虽然北仲就小时费率计酬案件可能发生比总价计酬案件更多新的管理成本，但按照《仲裁规则》的规定，机构费用不做改变。

这与《仲裁规则》中仲裁机构和仲裁员的各自职责，形成责权利更为明晰呼应的制度安排，充分显示出北仲对历史形成的既往收费制度中准行政化色彩的进一步革除，厘清并凸显了当事人自主选用仲裁、约定仲裁员报酬计收方式的民间性特点。顺便指出，在“案件受理费”“案件处理费”的间接总价计酬制度下，机构费用同时体现于部分受理费和部分处理费，是与中国仲裁机构一次收费提供案件受理、秘书服务、庭审场地、机构管理等全流程服务内容相对应的；虽有合理性，但案件处理费中缺乏关于仲裁机构和仲裁员之间如何分配的透明度。由此更可深入理解，即便同属总价方式，为什么当事

---

① 案件当事人与仲裁协议当事人在实务中可能存在相同或部分差异等不同情况，因为仲裁协议的当事人可能在提起仲裁申请时仅针对部分其他合同当事人，在此情况下，案件当事人范围相应小于合同当事人。

人更加欢迎北仲2019年改革为以“仲裁员报酬”和“机构费用”做区分的总价计酬制度；也可以看出北仲在清晰划分仲裁员和仲裁机构在各自费用的基础上，将进一步加强专业化分工合作的管理趋势。

（三）小时费率计酬收费与总价计酬收费的差异

二者差异主要是仲裁费用中“仲裁员报酬”的计算方式、结果及实际工作量风险[①]的分配不同，表现为仲裁员报酬金额是按照仲裁员的实际工作量而在工作完成时最终确定，还是在争议金额确定时即已按照总额挂钩关系实际确定，而不因仲裁员实际发生多少工作量而变化。

总价计酬收费案件中，仲裁员报酬与争议金额挂钩，当事人通常不承担工作量风险，也不享有实际工作量小于与争议金额挂钩计算结果相比较低的收费返还；相应地，对于争议金额较小的案件，当事人适用总价计酬收费更有利。小时费率计酬的本质是单价合同方式，符合仲裁员按照专业劳务付出收取相应报酬的基本原则——仲裁员通常不承担实际工作量高于预计工作量的风险损失，也不享有总价计酬情况下实际工作量低于预计工作量的风险收益；同时，小时费率计酬的实际工作量风险收益（或损失）均归于当事人，对于争议金额较大的案件，当事人适用小时费率计酬收费更有利。

从仲裁服务的合同关系角度看，总价计酬收费案件的仲裁协议当然是总价合同，包括就仲裁员和仲裁机构两部分费用分别与争议金额挂钩确定总价；[②]而小时费率计酬收费案件的仲裁协议，于当事人约定选用小时费率计酬以及仲裁员小时费率确定之后，在案件当事人、仲裁机构和具体案件仲裁员之间，则形成的是复合型合同价格约定——“机构费用”还是采用与争议金额挂钩计算的总价形式，“仲裁员报酬”采用与实际工作量挂钩、结合确定的小时费率计算的单价形式。

小时费率计酬收费案件仲裁费用中的变量部分即“仲裁员报酬”的计算，关键在于单价计算标准（即小时费率）和实际工作量（即工作小时）。从确定

① “工作量风险”是一种机会风险，因实际发生情况与预计情况的差异，对一方既可能发生不利的影响，也可能发生有利的影响；与只要发生即会导致不利影响的纯粹性风险（例如违法风险，只要发生即不可能产生有利的可能性）存在实质区别。

② 确定时间通常为案件受理时，但是，对于存在影响仲裁费用变更的仲裁反请求和/或仲裁请求、反请求变更等情形的，则仲裁费用（包括仲裁员报酬和机构费用）随之调整。

合同价格的视角看，只要有了确定的仲裁员小时费率，就可以在案件审理程序终结后、结合仲裁员的实际工作量，按照“仲裁员报酬 = 小时费率 × 工作小时”的公式计算。所以，小时费率计酬方式下，协商确定仲裁员小时费率，可以视为对一个具体仲裁案件的仲裁协议合同关系中，关于“仲裁员报酬”这部分价格计算方式的必要补充，是具体仲裁员和案件当事人约定的费用计算综合单价，对仲裁员和案件当事人均具有的合同约束力。进一步讲，在三人仲裁庭的小时费率计酬案件仲裁服务中，以小时费率单价计算的“仲裁员报酬”是三个仲裁员按各自的小时费率和工作小时计算的报酬金额之和。

在确定的小时费率对仲裁员和当事人具有合同约束力的意义上，《操作指引》第2.6款规定，除非发生特殊情况或者当事人与仲裁员另有约定，小时费率确定后将适用于案件审理的整个过程，不再调整。同理，当事人与仲裁员既然有权约定小时费率，理论上当然也有权共同协商变更调整小时费率，只是实际发生概率不大。此外，该款中发生“特殊情况”的考虑，应是与确定小时费率时相比较出现了特殊的足以影响费率的情况，例如在确定的小时费率附具一定条件时、条件发生了相关的重大改变等。因制度设定需要具有一定的包容性和前瞻性，笔者认为，小时费率确定后通常较少涉及当事人与仲裁员另行约定的调整，更少涉及因特殊情况而调整小时费率的情况。

四、约定适用小时费率与小时费率的确定

因《仲裁规则》关于仲裁员报酬的默认方式是总价收费，所以，《操作指引》就当事人如何约定、何时约定适用小时费率作出明细规定，体现了“鼓励”和“高效”的导向。而怎样协商确定小时费率，尤其是避免在国内案件中被不当利用衍生出新的问题，《操作指引》也体现了“务实”“兼顾”“高效”的可贵态度。结合实务问题，具体分析如下：

（一）约定适用小时费率没有特别的内容要求，可采用多种文件形式

首先，只要当事人作出约定的意思表示即可。《仲裁规则》和《操作指引》对具体约定的内容表述及措辞，都不做特别要求。换言之，如果当事人约定在北仲仲裁，在仲裁协议有“仲裁员报酬可以按照小时费率计算”的表述或者同等意思表达即可。

其次，当事人也可以在其他书面文件中达成约定。与仲裁协议自由约定的

基本精神一致，作为仲裁相关约定中的一个具体事项，小时费率计酬约定可以按照“重实质合意”的原则，进行不同的、无需一一罗列的具体操作。例如，双方分别在仲裁开始后向北仲提出适用小时费率的书面意见。又如，一方当事人向北仲提出、另一方向该方当事人提出内容实质相同的适用小时费率要求。这些文件无法当然归属于仲裁协议，但实际上反映双方就适用小时费率形成一致合意，所以，《操作指引》中采用鼓励当事人多种形式约定的理念，在第1.1款中予以肯定性的明确规定。在实际操作中，相信北仲还会确认当事人的合意。上述鼓励性的规定在实务中更多解决的是方便当事人灵活选用、减少僵化或机械理解造成的资源浪费。

最后，为减少出现当事人相关约定是否及于全部仲裁员，而带来新的分歧和额外沟通协调的时间成本，《操作指引》第1.3款以只要当事人约定按小时费率计酬，就视为同意适用于仲裁庭全体成员的统一规定，保障了不因当事人约定不明而发生过多的时间支出。

为有效推动当事人共同尝试创新，鉴于当事人习惯使用示范条款，且示范文本可以有效提高便捷性，减少个案咨询的沟通成本，笔者建议：（1）针对当事人在仲裁协议中约定适用小时费率的便捷规范需求，北仲可发布“约定适用小时费率的仲裁示范条款”。（2）针对当事人在案件发生时分别要求适用小时费率的表述，北仲可发布类似授权委托书模板那样可简明填写使用的规范文本。

（二）达成适用小时费率计酬约定的时间，不完全限于仲裁庭组成之前

根据《操作指引》第1.2款的规定，在：（1）一方当事人提起仲裁申请之前，（2）一方申请仲裁之后、北仲受理案件之前，（3）北仲受理仲裁案件之后、仲裁庭组成之前，当事人双方均可自由达成小时费率计酬约定。如果仲裁员均同意，当事人也可在仲裁庭组成之后达成约定。

从实务角度看，尤其是对拟提起仲裁的当事人而言，还是应尽可能在提起仲裁之前与对方达成约定。毕竟，与仲裁机构制定制度尽量给双方协商约定机会的角度不同，在案件受理后选任仲裁员的过程中再同步协商小时费率计酬事宜，不仅因双方的争议对立情绪而降低达成约定的概率，而且也不排除需要重新选定仲裁员发生额外的程序时间。对于仲裁之前特别是在达成仲裁协议时直接约定适用小时费率计酬时，如果当事人担心合同金额虽然高但争议金额不一定高的情况，也可以灵活处理，例如在仲裁协议中约定当案件争议金额超过一定金额时同意适用小时费率。

（三）当事人、仲裁员协商确定小时费率的权利

如上述小时费率的性质分析，案件当事人作为仲裁服务合同关系的接受方及仲裁员作为服务提供方，对于实体权利而言，当然有权利协商确定后者提供专业服务的综合单价。

《操作指引》第2.1款规定了一方当事人享有对其选定仲裁员及首席或独任仲裁员小时费率协商确定权利，同时，因仲裁当事人存在与仲裁员不能达成一致的可能性，所以，第2.4款规定了北仲取代当事人的协商确定权利，从而保障了可操作性和程序高效。值得注意的是，如上述仲裁服务法律关系的分析，因为仲裁员自然有权决定是否接受小时费率计酬和自己的具体小时费率标准，所以，《操作指引》没有就此无需赘言的内容再做重申，而是直接针对一方当事人可能与其选定的仲裁员、双方可能与首席或独任仲裁员无法协商确定的情形，提供了由北仲填补的确定机制。因此，对第2.4款规定中“由北仲确定”的理解，笔者认为应是取代相关当事人，而非取代当事人和仲裁员而径直确定。换言之，此处的“由本会确定小时费率”的表述，应是由北仲取代当事人与仲裁员进行协商确定。从当事人视角看，如果不能在合理时间内与仲裁员达成一致的，其权利将被北仲取代；但从仲裁员视角看，不论协商对方是当事人还是北仲，都需要仲裁员自己同意具体单价标准，才可以形成具体小时费率计酬的仲裁服务合同关系。就其权利来源，对于当事人而言，因《操作指引》自动适用于小时费率计酬案件（除非当事人另有约定），其规定和仲裁规则一样被当事人并入了仲裁协议，相应有当事人自愿约定选择的合同约束力基础；而对于仲裁员而言，则在未商定小时费率、确认加入按小时费率计酬提供仲裁服务的具体案件仲裁庭之前，尚无《操作指引》可直接或间接约束仲裁员的适当连结点。

当然，为了保障小时费率计酬案件效率不受影响，也不排除关于第2.4款规定可能的另一种解释：对于先确认接受案件选定或指定的仲裁员，在接受时已经构成对于《操作指引》自动适用的概括同意，包括同意第2.4款规定由北仲取代当事人及仲裁员而径直确定小时费率的内容，因此，北仲根据该款规定未与仲裁员协商而直接确定的小时费率，也对仲裁员具有约束力。若如此，结合目前国内仲裁实践中尚无仲裁员与当事人合同关系的明确案例、惯例上仲裁员随时可向仲裁机构申请退出案件审理的操作来看，假如北仲确定的小时费率实际不为仲裁员所接受，则仲裁员“自由”退出审理会给案件程序带来负担，所以，即便存在如此解释的可能性，相信北仲在实务操作中，也会先与仲裁员协商再确定其小时费率。

综合这两种不同的解释和大体相同的实务操作，可以看出，第 2.4 款主要解决的是防止当事人以协商之名拖延程序的问题。顺便指出，仲裁员在个案中似乎可“自由”退出审理，但是，对于无合理事由在接受选定或指定之后又退出审理的，仲裁机构在仲裁员管理中会有相关管理措施。站在仲裁员的角度看，在接受具体案件时可从严理解该规定，并谨慎遵守自己向仲裁机构做出的个人小时费率报价。

（四）当事人应通过北仲与仲裁员联系协商

在明确当事人与仲裁员就小时费率协商确定实体性权利的同时，为保障风险可控地推进创新，在广泛调研听取公司企业、律师和仲裁员意见的基础上，北仲规定了当事人“应通过”北仲与仲裁员联系的协商操作路径。

《操作指引》第 2.2 款明确规定当事人应通过北仲与仲裁员联系。这是综合考虑了国际商事仲裁实践及国内仲裁管理需要做出的制度选择，显示出北仲既针对性解决实际问题，又兼顾仲裁效率。实践中，因国内案件没有成熟的小时费率计酬相关惯例和职业共识，就相关操作存在现实限制和担忧，包括：（1）仲裁员大多没有形成惯常的、可供当事人直观选用的小时费率报价标准；（2）合同当事人和律师担心案件中其他当事人借联系协商之名义，与仲裁员做不恰当的沟通交流；（3）仲裁员也希望避免因当事人或律师直接联系自己而很可能发生“说不清”的嫌疑和困扰。所以，第 2.2 款采纳了调研阶段的反馈意见，规定由具备公信力和强大管理能力的仲裁机构，居中办理当事人和仲裁员联系协商小时费率的事宜。顺便一提，第 2.3 款同时规定当事人“可通过”北仲联系了解仲裁员小时费率，还显示出北仲对于国际案件中当事人向拟选仲裁员了解档期、小时费率这一惯例实践的兼顾。

（五）提高小时费率的协商效率

合同当事人普遍欢迎北仲开启国内案件小时费率计酬，同时，业界也关注新制度如何平衡仲裁效率和费用控制的关系。

总价计酬收费案件的直接好处在于，案件启动后当事人无需就仲裁员报酬承担任何时间成本，因为仲裁机构已经形成标准化的报酬计算体系，通常不因具体仲裁员是谁而存在差异。与之相比，小时费率计酬收费案件本身在理论上会发生与仲裁员协商确定小时费率的时间成本（虽然实际操作中，该协商时间可以并入既有关键进程而减少甚至完全吸并）。此外，在一方当事人存在拖延程序动机的情况下，如何避免协商程序被故意不当利用，也是现实问题。就此，《操作指引》第2.3款规定，当事人通过北仲了解仲裁员的小时费率，不影响仲裁规则规定的仲裁员选定期限；第2.4款规定，当事人未能在合理时间内协商确定小时费率的，将由北仲确定小时费率。这两款规定从时限和路径上，提供了制度保障。

实践中，不论出于何种原因，还可能出现当事人对于仲裁机构居中联系告知的仲裁员小时费率报价不置可否的情形。笔者注意到，与征求意见稿相比较，《操作指引》第2.2款也明确规定该等情形的后果，即当事人不提异议则视为接受。这种推定性的规定，客观上有助于提示当事人及时行使权利，也有助于避免该等情形出现导致额外的协调耽延或程序停滞。对于当事人而言，应结合自己的情况注意相关时限。如果在具体案件中确实存在需要稍加延后再行决策是否异议的，应至迟在限期内提出延后发表意见的申请。

（六）小时费率的金额标准

根据《仲裁规则》附录1第6条和《操作指引》第2.5款、第2.6款的规定，可以看出，仲裁员小时费率金额标准：（1）原则上最高限价人民币5000元或等额标准；（2）各方当事人明确书面同意或北仲根据案件特殊情况决定，才可适用更高金额标准；（3）三人仲裁庭成员的小时费率可各不相同；（4）各方当事人就全部仲裁员报酬的支付承担连带责任，不论仲裁员是哪方当事人选定，或者北仲依规代为指定及确定小时费率；（5）小时费率是仲裁员提供具体案件仲裁服务的综合单价之报价，包含了案件审理通常涉及的工作内容、难度以及仲裁员正常履职尽责的相关风险，确定后适用于仲裁员审理案件的全过程。

实际操作中，不同仲裁员不可能，也不应该都就其小时费率顶格报价，同时，针对不同类别的仲裁案件也可能采取相同或基于个人专业考虑等不同因素做出有差别的报价。对于后者，当事人如果不清楚具体案件的归类，可通过北仲进行联系澄清。在同一个仲裁庭中，三个仲裁员的小时费率也存在相同或完全不同的可能。由于各仲裁员都是基于各自认知和预期报出小时费率，实际操作中各人的工作速度、深度都会存在差异，但是，对于两个小时费率存在高低差异的仲裁员，不意味着其结算的报酬总额存在必然的相应差异，因为作为另一个乘数的工作小时因人而异。对于具体仲裁员小时费率标准高低的判断，还应结合工作小时、工作质量（包括裁决书、仲裁程序驾驭、仲裁庭及秘书的沟通与协调、当事人客户体验等）进行综合评判。

五、仲裁员工作小时的计算、确定和报酬结算

小时费率计酬收费案件中，“仲裁员报酬”的另一个计算因子是仲裁员工作小时，这对于当事人能否实现费用控制目标也具有直接影响。现实中，仲裁员在案件审理中实际投入多少时间，除了开庭、会议这样具有客观性计量条件的工作之外，仲裁员阅卷、撰写相关文件等多为仅个人进行的工作。如何促进仲裁员如实客观记录工作小时，如何确定用以结算报酬的仲裁员工作小时，如何采取有效措施缩短仲裁员工作小时从而避免发生不必要的报酬费用，是仲裁机构、仲裁员、当事人共同关注又各有影响的实际问题。

（一）仲裁员应秉承“合理、诚信原则”计算工作小时

《操作指引》第 4 条在第 4.1 款对“仲裁员工作小时”进行定性和列举规定的基础上，第 4.2 款明确了仲裁员应秉承“合理、诚信原则”。需要注意的是，可以计算为工作小时的时间：（1）应是仲裁员为审理裁决而花费的阅卷、处理程序、开庭、合议、制作裁决等具体案件的工作时间，不应包括在审理案件过程中牵连发生的其他工作时间，例如，非针对具体案件审理需要的关联学习或兴趣研究时间。（2）应是合理工作时间。实际发生的时间是否合理，应结合一名称职仲裁员或具体专业类别仲裁员群体的大致情况判断，而非仅仅按照是否真实发生来做判断。这也许是“合理”先于“诚信”原则的考虑，或者说，仲裁员计算工作小时在首先要符合诚信原则的基础上，还必须符合合理原则。（3）仲裁员应保留相应记录工作时间的相关底稿，以在必要时作为诚信记录的必要证明。笔者注意到，北仲已经就仲裁员记录工作时间的规范文件提供格式文本，并要求仲裁员就案件审理工作填报实际工作时间，这无疑将为仲裁员记录计算工作小时提供有益帮助，也有助于北仲管理提升仲裁员实施小时费率计酬的计时水平，并对工作小时管理的行业发展提供有益经验。

（二）工作小时的确定

根据《操作指引》第 6 条、第 7 条的规定，案件审理程序终结，仲裁员应向北仲提交计算的工作小时，北仲在裁决作出之前将每位仲裁员的工作小时通知当事人，可用作结算仲裁员报酬的工作小时存在三种确定方式：（1）当

事人没有在通知的异议期内向北仲“仲裁员工作小时复核委员会”（以下简称复核委员会）提出有效的异议，则仲裁员提交的工作小时即为结算报酬的工作小时。（2）当事人在北仲通知的异议期内提出了有效异议，北仲根据工作小时异议复核结果，决定用作结算报酬的工作小时。（3）当事人提出复核申请，复核委员会正式开始复核工作前，仲裁员主动调整工作小时，而当事人不再提出异议，则仲裁员调整后的工作小时用作结算报酬。

实务中，上述第一种由仲裁员计算的工作小时用作结算报酬，应是绝大多数的情形。为此，仲裁员首先应足够专业、自律、诚信，合理填报工作小时；同时，仲裁机构应有严格的制度约束和管理措施，既要持续促进仲裁员不断提升职业操守和业务水平，又要防止当事人不恰当地拖延程序；而当事人也应着眼于小时费率计酬创新对国内营商环境的总体利益，尽量减少不必要的异议，以保护这一有利于每个市场主体仲裁费用控制机制的长远发展。

（三）工作小时的异议复核

关于小时费率计酬身份案件，当事人另一个现实关注是仲裁员是否会虚高计报工作小时，当事人又有什么途径进行救济？

良好的制度设计应当从人性的现实出发，综合考虑多方的利益、动机和行为互动，在最大程度上促进良性可持续循环。境外国际仲裁的相关立法（例如英国1996年仲裁法[①]）中，有的就仲裁员可能乱收费问题提供了法院审查的救济途径。我国仲裁法目前尚无相关规定，从法院的司法资源现状看，当事人如果想就此寻求司法救济也不太现实。为解决这一现实问题，笔者注意到，北仲创设了填补性的工作小时异议复核机制，并在《操作指引》中就该机制的操作进行了较详细规定，要点包括：（1）申请人提出有效的异议复核申请——向复核委员会提出书面申请，提出具体主张及相关事实和理由，按期交纳3万元复核费用。（2）北仲在复核委员会中指定三位成员具体负责，在材料齐备后15个工作日内作出复核结果。（3）北仲参照复核结果，作出对相关工作小时是否及如何调整的终局决定。

---

① 该法中具有强制适用效力的第28条中，规定当事人可以申请法院对仲裁员报酬和费用进行审查及调整。Section 28（2）“Any party may apply to the court（upon notice to the other parties and to the arbitrators）which may order that the amount of the arbitrators’ fees and expenses shall be considered and adjusted by such means and upon such terms as it may direct.”

业界共知，北仲因其公信力吸引了仲裁用户，并仍在毫不松懈地加强机构自身和仲裁员队伍的建设。笔者认为，北仲在《操作指引》中创设的工作小时异议复核机制，会在很大程度上避免仲裁员过度计时的问题，因为，从珍惜品牌声誉的角度看，北仲甚至可能比具体个案当事人更加关注对仲裁员职业操守的监督管理，仲裁员也普遍珍惜北仲这一卓越的仲裁工作平台，而随着北仲信息技术应用的不断升级，也为仲裁员秉承“合理、诚信”原则计算工作小时提供了更加便利的基础条件。

（四）仲裁员的计时风险管理

仲裁员计算工作小时被异议的主要风险，可能源自：（1）错误理解计时范围。（2）不同仲裁员（特别是角色类似的非首席仲裁员）之间，就较为客观一致的工作计时出现差异（如开庭时间）或较大差异（如合议）。（3）个体工作计时超出当事人预期的高限。

就此，一方面必须承认，与其他个性化的专业服务类似，仲裁因仲裁员的不同不可避免地具有个性化色彩，同一案件由不同仲裁员审理确实可能存在一定的工作用时差异；另一方面也应看到，因信息不对称，当事人的担忧疑虑也事出有因，所以，仲裁员应尽可能地加强计时风险管理。具体可：（1）加强对《操作指引》等相关制度规范的学习和准确理解，避免错误记录和计算。（2）同庭仲裁员在北仲通知当事人工作小时信息前进行必要的沟通协调，避免因为技术性归类差异而导致共同工作时间产生较大差异。（3）首席仲裁员加强案件程序中审理措施等工作的可视化，将案件开庭审理前的问题梳理和程序关注，由个人思考及仲裁庭讨论，采取审理日程表、问题单等与当事人互动的审理措施，在公平、公正地提高审理效率的同时，加大仲裁庭工作的透明度，帮助当事人在更多感知基础上，更为客观地预计仲裁庭工作量。

（五）当事人对仲裁员工作小时的有效影响

采用小时费率计酬的主要初衷，对当事人来讲应是控制仲裁费用中的仲裁员报酬。事实上，当事人对仲裁员工作小时数量，除了相对滞后的异议复核申请，更有效的举措在于仲裁过程中的专业与合作。管控仲裁费用这一共同利益促使当事人选择小时费率计酬，基于同一出发点，在仲裁案件审理过程中，通过双方当事人之间的合作，或者当事人代理律师更为专业高效的工作，都可以有效减少仲裁员的实际工作量。例如，双方可以就案件基本事实尽快形成简洁的一致陈述，放弃没有事实基础的各种单方面否认或语焉不详，实际减少仲裁员不必要的文件阅读量。又如，当事人就复杂案件中合同订立、履行中的支付等相关事件进程和人物信息，主动采用列表等形式进行清晰陈述，并在相关表格中标注必要的证据编号或页码信息，既可主动消减仲裁员面对完全陌生、零散的大量信息自行阅读梳理的工作用时，又能减少仲裁庭沟通协商采取审理措施的工作量。再如，专业水平较高的代理律师提供逻辑清晰的代理意见，配合相关证据，可以帮助仲裁员更快、更准确地把握当事人的基础事实和争议焦点，集中精力关注解决真正影响仲裁请求和反请求是否成立的问题，并尽快作出裁决。

（六）仲裁员报酬的结算、支付与承担

与总价计酬收费案件相比，小时费率计酬收费案件中，仲裁员报酬在审理过程中处于未结算状态。实务中，一方当事人就仲裁请求或反请求的仲裁费用主张应由对方承担时，该部分仲裁费用金额尚处于未定状态，仲裁庭在明确审理范围时应注意到这个区别。

具体仲裁员报酬的结算非常简单，就是该仲裁员的小时费率乘以确定的工作小时，即为结算该仲裁员报酬的税前金额。《操作指引》第9.2款明确规定了这种计算金额为税前金额的通常情况，同时也规定可以另作约定。就制度体系而言，该款规定的意义不仅在于提供当事人和仲裁员另行约定的空间（虽然实务中应当较少使用），更在于实质上将仲裁员小时费率报价默认为含税金额，包括通常人民币5000元的最高限价。

从体系完整的角度，《操作指引》还在第5条规定了仲裁员报酬分阶段支付的条件和操作。由于北仲整体案件审理效率较高，结合总价计酬收费案件的仲裁员报酬均为结案后支付的实际，可以预期，正常审理裁决情况下应不涉及分阶段支付，即小时费率计酬下仲裁员报酬通常也会是在案件审结后支付。需要注意的是，如果发生分阶段支付，虽然是使用当事人的预付款进行支付，但是，分阶段支付并非对仲裁员报酬的预付，因从性质上分阶段支付也是当事人实际发生了仲裁费用，所以，第6.5款规定仲裁庭可根据当事人的申请，就已支付报酬金额的承担作出部分裁决。当然，在部分裁决作出前，按照第6.2款规定，北仲也应会通知当事人该部分裁决涉及的每位仲裁员的工作小时。

此外，与前述仲裁服务的合同关系及国际仲裁实践惯例相一致，《操作指引》第8条规定了当事人预付款余额不足以支付仲裁员报酬时的裁决书留置权，要点包括:（1）北仲有权留置裁决书，除非仲裁庭有相反决定。（2）当事人任何一方或双方均可付清预付款差额以取得裁决书。（3）裁决书自作出之日起生效，不受被留置情形影响。当事人依法享有的寻求司法审查等救济权，如果因裁决书被留置而丧失的，应自行承担不利后果。

六、挑战、应对和展望

客观来看，北仲实施案件收费制度改革，特别是对国内仲裁案件的小时费率计酬收费，面临多重困难和挑战，包括:（1）国内案件当事人普遍习惯总价收费，改变本身对当事人的仲裁案件管理形成新任务。（2）法律服务业对小时费率单价合同形式经验有限，国内争议解决领域律师相比非诉法律咨询律师经验更少。（3）国内仲裁员小时费率计酬经验总体稀少。

同时，从北仲一贯具有知行合一行事风格及2019年制度改革以来的实践效果来看，也存在成功突围创新的高度可能，包括:（1）新制度可能创造满足国内外当事人控制费用需求的新市场，特别是不能低估巨额争议案件相比总价计酬动辄可以节约数百万元甚至上千万元仲裁费用的经济吸引力。（2）律师可借北仲小时费率计酬改革之机，以更专业的服务、更精细的管理提升自我竞争力，当事人也可在律师竞争中获取更好的服务。（3）北仲严格精选业界专家担任仲裁员，采用“严进宽出”的高标准动态管理仲裁员队伍。（4）北仲为仲裁员充分做好服务保障，提供对仲裁员具有吸引力的工作平台，持续促进仲裁员职业操守和专业水平提升，引入领先的信息技术辅助仲裁员办公和机构管理，对仲裁员实施全方位、全流程、全职业周期的评价监督。（5）小时费率计酬有利于仲裁员进一步提升自我精细化管理水平，进一步培育个人持久的独立专业声誉，这对于普遍具备研究学习意愿的北仲仲裁员而言，具有激发其内在潜质的吸引力。北仲的创新制度能否焕发蓬勃的生命力，有赖于在实践中能否形成对各方具有持续吸引力的动态平衡。总的来看，挑战与机遇共存，北仲或将由此开启引领仲裁员共同通过北仲这个机构平台满足国内外小时费率计酬当事人需求的新市场。

结合仲裁案件的基础环境和特点，综观《仲裁规则》《操作指引》的收费制度改革，可以看出，北仲以行业内前所未有的决心和魄力，将统一国内和国际案件收费标准、公开机构费用和仲裁员总价计酬金额、提供小时费率计酬选择的改革（这三项中任何一项，对中国的仲裁机构都是重大的、系统的自我挑战），一次性集成纳入2019年《仲裁规则》，是基于对行业发展新问题的深刻思考和对仲裁新需求、新市场的洞见，所作出的里程碑式的抉择。

放眼后疫情时代国际经贸关系变化，以及国内大市场在国际、国内“双循环”中不断增长的比例分量，可以预期，北仲的持续改革将转化成对新市场现实召唤的规模化回应，有望在为当事人和仲裁员创造新价值的同时，进一步激发引领行业先进仲裁机构对仲裁收费展开新一波跟进性改革。这些都可能深刻影响甚或改变中国仲裁行业的发展趋势。

按时计费的仲裁员报酬：比较 LCIA、HKIAC、ICDR 的相关规定

陈希佳 *

- **摘要**

目前境内仲裁机构管理的仲裁案件中，大多数是采取按争议金额计算仲裁员报酬的方式，故当事人可能对于按时计费的仲裁员报酬计算方式较为陌生，谨以本文介绍伦敦国际仲裁院（LCIA）、香港国际仲裁中心（HKIAC）、国际争议解决中心（ICDR）等知名国际仲裁机构所采取按时计费的仲裁员报酬计费方式，一方面，供当事人在面临相关国际仲裁程序时参考；另一方面，也供境内仲裁机构进一步完善关于按时计费的仲裁员报酬相关规范的参考，让在个案中可能有不同需求的当事人可以有更为完整的选择空间。

- **关键词**

按时计费　按小时计费　仲裁员费用　仲裁员报酬

Abstract: In most arbitrations administered by arbitration institutions headquartered in mainland China, the ad valorem method is adopted for

---

* 陈希佳，众才国际律师事务所资深合伙人，特许仲裁学会（CIArb）东亚分会台湾支会会长、资深会员（FCIArb）、合格讲师及考评委员，律师，台湾大学法学博士，北京大学法学博士。

calculating arbitrator fees. Therefore, parties in mainland China are generally less familiar with the "time spent" method for calculating arbitrator fees. The author gives a concise introduction to the "time spent" methods respectively adopted by the LCIA, HKIAC and ICDR. Parties involved in relevant international arbitration proceedings may take this article as a reference. Arbitration institutions headquartered in mainland China may also refer to this article for further improvement of their rules concerning the "time spent" method for calculating arbitrator fees so as to give the parties more options.

Key Words: time spent method, hourly charge, arbitrator fees, arbitrator remuneration

一、前言

仲裁员报酬的计算方式主要有"按时计费（小时费率及 / 或日费率）"（"time spent" method）、"按争议金额计费"（"ad valorem" method）、"固定费用"（"fixed fee" method）三种。固定费用是指不论仲裁员的实际工作量，仲裁员的报酬均为固定的金额，采取固定费用计酬的案件通常为具有重要性、仲裁员为具有高度国际威望的人士的情况。[①] 在专案 / 非机构（ad hoc）仲裁的情况下，仲裁员报酬的计算方式由仲裁员与当事人约定；[②] 在机构仲裁的情况下，则要视各机构的规定而定，本文整理主要国际仲裁机构的情况如下表：

---

① Nigel Blackaby, Constantine Partasides, et al., Redfern and Hunter on International Arbitration, 6th ed., Oxford University Press 2015, 第 4.209 段。

② 特许仲裁学会（the Chartered Institute of Arbitrators）针对在专案 / 非机构（ad hoc）仲裁中，仲裁员与当事人间的聘任条件提供了指引，即《特许仲裁学会第 2 号指引：聘任条件包括仲裁员报酬》（The Chartered Institute of Arbitrators Guideline 2 Terms of Appointment including Remuneration），请参见：https://ciarb.org/media/4190/guideline-2-terms-of-appointment-including-remuneration-2015.pdf（最后访问时间：2021 年 7 月 26 日）。本指引关于第 2 条的评述（Commentary on Article 2）第 i）b）条提及：在同一个仲裁庭中，各仲裁员适用的计费方式应该相同，例如，不应有一位仲裁员采取按时计费的方式计算报酬，其他仲裁员采取按争议金额计费的方式。

	按时计费（小时费率及 / 或日费率）	按争议金额计费（ad valorem）
国际商会（ICC）国际仲裁院		√
新加坡国际仲裁中心（SIAC）		√
香港国际仲裁中心（HKIAC）	√（仲裁规则附录 2） 以 6500 港元 / 小时为上限	√（仲裁规则附录 3）
伦敦国际仲裁院（LCIA）	√ 以 500 英镑 / 小时为上限	
国际争议解决中心（ICDR）	√ 未规定上限	
国际投资争端解决中心（ICSID）	√ 3000 美元 / 日 375 美元 / 小时（按一天 8 小时计算）①	

采按时计费的仲裁机构有伦敦国际仲裁院、香港国际仲裁中心（以下简称港仲）、国际争议解决中心、国际投资争端解决中心等。按时计费的方式又可以再细分为二种：一种是由仲裁员自己决定其费率，由市场机制决定该费率是否合理，最为典型的是国际争议解决中心，其规定仲裁员的费率为仲裁员在国际争议解决中心履历的必要记载事项之一，原则上由仲裁员自行决定其费率，② 没有关于费率上限的规定，并且，如果仲裁庭由复数的（例如三位）仲裁员组成，各仲裁员可以分别适用不同的费率；③ 另一种则是由仲裁机构决定费率，例如，国际投资争端解决中心规定原则上仲裁员的日费率为 3000 美元，

① 依据国际投资争端解决中心（ICSID）仲裁规则进行的仲裁程序的仲裁员报酬是按时计费，因案件而进行差旅的时间亦按时计酬，请参见：Memorandum on the Fees and Expenses（2005 年 7 月 6 日），网页：https://icsid.worldbank.org/services/content/memorandum-fees-expenses（最后访问时间：2021 年 7 月 26 日）。

② ICDR 仲裁员计费指引（Billing Guidelines for ICDR® Arbitrators）第 1 页第 2 段："rates are at the complete discretion of the arbitrator in most of our case types, as long as they are included in the resume."

③ 《特许仲裁学会第 2 号指引：聘任条件包括仲裁员报酬》关于第 2 条的评述（Commentary on Article 2）第 i）b）条。

按一天8小时计算，小时费率为375美元[①]。

由于投资仲裁并非本文拟探讨之对象，故针对前段所提及的伦敦国际仲裁院、港仲和国际争议解决中心，本文将从仲裁员报酬、紧急仲裁员、仲裁庭秘书、可以计费的时间、请款单及机构管理费的角度，来横向比较其相关规定。

二、主要仲裁机构的相关规定介绍

（一）伦敦国际仲裁院（LCIA）

1. 仲裁员报酬

凡是由伦敦国际仲裁院管理的案件，其仲裁员报酬均是以小时费率计算。仲裁员在具体案件中的小时费率应于仲裁院确认该仲裁员的选任之前确定；其后，可以视案件情况重新检视该费率。[②]

根据其最新版（自2020年10月1日起生效）的《费用表》（Schedule of Costs），仲裁员每小时费率原则上最高不得超过500英镑，但在极例外的情况下，于满足下列二项条件时，可以更高的费率计算仲裁员报酬：

（1）仲裁院（LCIA Court）经注册处（Registrar）建议，与仲裁员商议后，核定高于500英镑的小时费率；并且

（2）该费率经各方当事人明示同意。

新版《费用表》将原为每小时450英镑的费率上限调高为每小时500英镑，使费率上限能较为趋近复杂的仲裁案件中代理人的小时费率，以及在一些专案仲裁中的仲裁员费率，以确保能满足当事人在复杂及重要争议中可能需要选聘费率较高的仲裁员的需求。

2. 紧急仲裁员

紧急仲裁员的报酬也是按照小时费率计算，当事人应于申请仲裁院选任紧急仲裁员时缴纳2200英镑，以支付紧急仲裁员的报酬及相关成本费用；仲

---

① 美国仲裁协会商事仲裁规则（自2013年10月1日起生效）中规定，在快速仲裁程序中，根据快速程序（Expedited Procedures）第E–10条，仲裁员的报酬是依美国仲裁协会地区办公室建议的小时费率计算。请参见：https://adr.org/sites/default/files/Commercial%20Rules.pdf（最后访问时间：2021年7月26日）。

② 伦敦国际仲裁院《费用表》第2（i）条。

裁院一旦选任紧急仲裁员后，此笔款项即不可退还。于紧急仲裁程序中，视案件情况需求，仲裁院随时可以依注册处的建议增加前述费用。

当事人于申请指定紧急仲裁员时另须支付伦敦国际仲裁院一笔不可退还的申请费：9000 英镑。

3. 仲裁庭秘书

仲裁庭秘书亦是以小时费率计算，建议其费率以 75 至英镑 175 英镑之间为适当，具体个案中的费率仍以当事人同意者为准。

4. 可以计费的时间

仲裁员及仲裁庭秘书因办理仲裁案件所花费的时间（包括因仲裁案件差旅的时间），均可计费。值得一提的是，《费用表》载明以 15 分钟为最小计时单位。相对而言，律所较常见以 6 分钟为最小计时单位。

关于仲裁员为仲裁案件已保留但未实际使用的时间，如果仲裁员就此等时间的计费方式已事先以书面通知各方当事人，并且取得伦敦国际仲裁院的核准，则仲裁员亦可就其为仲裁案件已保留但未实际使用的时间，依其小时费率计收仲裁员报酬。实务上可见仲裁员于受选任前提出的聘任条件（Terms of Appointment）中约定接近预计庭审时才取消或展延庭审的取消费用，例如：

“The Tribunal will charge a cancellation fee as follows：

（a）If any part of a period fixed for hearing is vacated more than 4 weeks but less than 12 weeks before the first day of the period fixed for hearing（‘the Commencement’）– 30% of the fee for the period so vacated

（b）if any part of a period fixed for hearing is vacated 4 weeks or less before the Commencement – 50% of the fee for the period so vacated

（c）if any part of a period fixed for hearing is vacated less than 1 week or less before the Commencement（including any time after the Commencement）– 100% of the fee for the period so vacated（in all cases calculated on a 7 hour working day）

For purposes of this paragraph ‘vacated’ includes days（or part of a day）within the hearing period when no hearing takes place.

However，any fees earned during the cancelled period from replacement hearings will go towards reduction of the cancellation fee.”

有的仲裁员为鼓励当事人和解，会在上引约定中加个例外条款：如当事人因和解而取消庭审的话，可以免除取消费。

根据伦敦国际仲裁院仲裁规则第28.1条，仲裁费用（包括仲裁员报酬）由伦敦国际仲裁院根据《费用表》决定。在例外的情况下，伦敦国际仲裁院可以依案件的特殊情况（包括案件的复杂程度、历时及其他相关情况等），决定仲裁员报酬的上限金额。伦敦国际仲裁院应尽早通知仲裁庭此一情况。①

5. 请款单

《费用表》没有明文规定仲裁员可以请求报酬的时间点，因此，仲裁员可以视情况在仲裁程序过程中或仲裁程序终结时提出请求。仲裁员请求给付报酬时应提出请款单（fee note / invoice / request）载明其因仲裁案件所花费时间及其工作的一般性描述，其内容需达仲裁院认为满意的程度。仲裁院秘书处会把请款单转交给当事人。② 值得注意的是，伦敦国际仲裁院在给仲裁员的提示（Notes for Arbitrators）中表示：仲裁员的请款单应检附就仲裁案件所花费时间的每日记录，除非仲裁员提出合理要求、说明不应将该每日记录提供给当事人，否则秘书处原则上会将该记录提供给当事人。③

6. 机构秘书处及总管理费

伦敦国际仲裁院秘书处的费用亦是以小时费率计算，依不同职级适用不同的费率。仲裁院另收取总管理费（general overhead），该项费用是以仲裁员依小时费率计算的报酬的5%计收；秘书处及仲裁院委员因仲裁案件而支出的费用成本（例如邮资、电话费、差旅费、通信费等）均不另向当事人请款。④

---

① 《费用表》第2（vi）条。

② 《费用表》第3（iii）条。

③ 伦敦国际仲裁院给仲裁员的提示（LCIA Notes for Arbitrators）第56条，请参见：https://www.lcia.org/adr-services/lcia-notes-for-arbitrators.aspx#7.%20COSTS%20OF%20THE%20ARBITRATION（最后访问时间：2021年7月26日）。

④ 《费用表》第1（iv）&（v）条。

附表一：伦敦国际仲裁院 2014 年与 2020 年《费用表》比较

说　　明	2014 伦敦国际仲裁院仲裁费用	2020 伦敦国际仲裁院仲裁费用
注册费（于提交仲裁请求时预付：不可退还）	1750 英镑	1950 英镑
秘书处行政费用（适用于所有案件的最小时间单位：15 分钟）		
● 登记官 / 副登记官	每小时 250 英镑	每小时 280 英镑
● 法律顾问	每小时 225 英镑	每小时 250 英镑
● 案件管理员	每小时 175 英镑	每小时 195 英镑
● 个案会计	每小时 150 英镑	每小时 165 英镑
仲裁员费率	最高每小时 450 英镑	最高每小时 500 英镑
仲裁庭秘书费率	不适用	75–175 英镑
紧急仲裁申请费（于申请指定紧急仲裁员时支付：不可退还）	8000 英镑	9000 英镑
紧急仲裁员报酬预付款（于申请指定紧急仲裁员时支付：如伦敦国际仲裁院指定一名紧急仲裁员，即不予退还）	20000 英镑	22000 英镑

（二）香港国际仲裁中心（HKIAC）

1. 仲裁员报酬

从 2013 年版的港仲仲裁规则开始，就仲裁员的报酬规定有依小时费率计算（仲裁规则附录 2）及以争议金额为基础的收费表（仲裁规则附录 3）二种方式。以下依港仲现行的机构仲裁规则（即 2018 年版港仲仲裁规则，以下简称港仲仲裁规则）作出说明。

依港仲仲裁规则进行的仲裁程序，当事人应商定适用港仲仲裁规则附录 2 或附录 3 的收费方式。若当事人未能商定，则应按港仲仲裁规则附录 2 所载的条款确定仲裁庭的收费和费用①。

在按港仲仲裁规则附录 2 以小时费率计算仲裁庭的收费和费用的情况下，仲裁员就其为仲裁合理付出的所有工作均获得按小时费率计算的报酬②。仲裁

① 港仲仲裁规则（2018 年版，以下均同）第 10.1 条。

② 港仲仲裁规则附录 2 第 9.1 条。

员的小时费率应在其被港仲确认或指定前予以确定。

仲裁员商定的小时费率原则上不得超出港仲设定并于仲裁通知提交之日公布于其网上的最高小时费率[①]，目前为每小时6500港元。[②]但若仲裁中各方当事人均明示同意或港仲在特殊情形下作出决定时，仲裁员可适用更高的费率。[③]

仲裁员商定的小时费率在其被港仲确认（或指定）之日起，每满一年可评估和增加一次。评估后增加的部分，不得超过原商定费率的10%。[④]

若当事人未能商定仲裁员的费率，港仲可以参酌案件情况（包括但不限于仲裁员的惯常小时费率、仲裁规则附录2第9节的规定及争议标的的复杂性）决定费率[⑤]。

2. 紧急仲裁员

紧急仲裁员的报酬应按其小时费率，依港仲仲裁规则附录2的规定确定，[⑥]且原则上不得超出港仲设定的并于申请提交之日公布于其网站上的金额，目前为200000港元。[⑦]在例外的情况下，港仲可以在紧急救济程序的任何时候，在考虑案件性质、紧急仲裁员和港仲的工作性质与工作量及其他情况后，要求增加预付款以覆盖任何紧急仲裁员的收费或港仲的紧急管理费用的增加。若提交申请的当事人未能在港仲规定的期限内缴纳增加的预付款，申请将被驳回。[⑧]

港仲就紧急仲裁收取45000港元的管理费。当事人于提出紧急仲裁程序申请时，应预付250000港元，此费用包括前述港仲收取45000港元的管理费、紧急仲裁员报酬上限及费用支出的预付（合计205000港元）。[⑨]

---

① 港仲仲裁规则附录2第9.3条。

② 请参见：https://www.hkiac.org/content/2018-schedule-fees#（最后访问时间：2021年7月26日）。

③ 港仲仲裁规则附录2第9.5条。

④ 港仲仲裁规则附录2第9.4条。

⑤ 港仲《仲裁费用实务指引（以附录2和小时费率为基础）》（2019年3月11日起生效）第3.2条。

⑥ 港仲仲裁规则附录2第1.1条。

⑦ 请参见：https://www.hkiac.org/content/2018-schedule-fees#（最后访问时间：2021年7月26日）。

⑧ 港仲仲裁规则附录4第5条。

⑨ 请参见：https://www.hkiac.org/content/2018-schedule-fees#（最后访问时间：2021年7月26日）。

3. 仲裁庭秘书

仲裁庭经与当事人商议，可指定一名秘书。仲裁庭应按小时费率向秘书支付报酬，但此小时费率不得超出港仲所设定的并于仲裁通知提交之日公布于其网站上的费率①，目前为每小时 2500 港元。②

4. 可以计费的时间

若仲裁员为履行其仲裁员职责须差旅，其有权按以下标准收费③：

（1）未用于工作的出行时间按商定的小时费率的 50% 计费；或

（2）用于工作的出行时间按商定的小时费率的全额计费。

就已预定的庭审时间所产生的费用，如因仲裁庭要求而取消预定庭审的，仲裁庭不得收费。如非因仲裁庭要求，则视取消时距预计庭审首日的时点而定，具体如下④：

- 任何一方当事人在预定的开庭第一日前 30 日内取消预定的开庭的，仲裁庭的日收费应为适用的小时费率的 8 倍的 75%；
- 任何一方当事人在预定的开庭第一日前 30 日外、60 日内取消预定的开庭的，仲裁庭的日收费应为适用的小时费率的 8 倍的 50%；
- 任何一方当事人在预定的开庭第一日前 60 日外取消预定的开庭的，仲裁庭不得收费；
- 在上述各情况下，若仲裁员在预定的开庭日实际为案件花费了时间，应按以下标准中较高的计算方式向仲裁员付费：（i）按港仲仲裁规则附录 2 第 9 段规定的小时费率；或（ii）按港仲仲裁规则附录 2 第 10.1（b）至（d）段确定的取消预定费率。

此外，港仲仲裁规则附录 2 第 10.2 条特别规定："若开庭因各方当事人同意或仲裁庭要求之外的其他原因取消或推迟，在此后决定费用分担时，可考虑这一因素。"

---

① 港仲仲裁规则附录 2 第 6 条。

② 请参见：https://www.hkiac.org/content/2018-schedule-fees#（最后访问时间：2021 年 7 月 26 日）。

③ 港仲仲裁规则附录 2 第 9.6 条。

④ 港仲仲裁规则附录 2 第 10.1 条。

5. 请款单

港仲《仲裁费用实务指引（以附录2及小时费率为基础）》（2019年3月11日起生效）第2.1条规定：应仲裁员要求，港仲可于仲裁过程中或完结时向仲裁庭支付其收费和费用。港仲应参酌案件情况考虑该要求。仲裁员请求付款时可一并提出请款单（invoice）载明其已经完成的工作、截至当日为仲裁案件已花费的时间以及依港仲仲裁规则附录2第10条确定的取消庭审的收费。[①] 实务上曾见仲裁员提出内容简洁的请款单，仅载明：某仲裁员因仲裁案件自某年某月某日起至某年某月某日止共已花费若干小时，乘以小时费率，故仲裁员报酬为 ×× 元，而没有提出更为详细的说明。当然，仲裁员也可以提出较为详细的说明，例如曾见仲裁员的请款单记载：

"某仲裁员因本仲裁案件（案号：××）自某年某月某日起至某年某月某日止提供专业服务，包括但不限于下列：

- 审阅案卷文件及填写表格；
- 审阅案卷文件及草拟第一号程序令与时程表；
- 与各方当事人电邮沟通；
- 修订第一号程序令及时程表；
- 参加案件管理会议；
- 审阅各方当事人之书状及证人证词；
- 参加审前会议；
- 参加证据庭审；
- 审阅各方当事人庭审后书面陈述；
- 撰拟仲裁裁决；
- 与秘书处沟通。

共计花费若干小时，乘以小时费率，仲裁员报酬为 ×× 元。"

---

① 港仲《仲裁费用实务指引（以附录2及小时费率为基础）》（2019年3月11日起生效）第2.2条，请参见：https://www.hkiac.org/sites/default/files/ck_filebrowser/PDF/arbitration/20190311_Practice_Note_on_Costs_of_Arbitration-Schedule_2_Hourly_Rates.pdf（最后访问时间：2021年7月26日）。

6. 机构管理费

不论仲裁员的报酬是依小时费率计算还是以争议金额为基础的收费表计算，港仲的管理费均是根据港仲仲裁规则附录 1 以争议金额为基础的收费表计算，此与前述伦敦国际仲裁院秘书处的费用不同。

（三）国际争议解决中心（ICDR）

美国仲裁协会（AAA）有多套仲裁规则，分别适用于不同的情况。本文着重介绍其国际业务部，即国际争议解决中心（ICDR，全称为：International Centre for Dispute Resolution®）的相关规定。

1. 仲裁员报酬

ICDR 仲裁员履历包括“报酬”（Compensation）一栏，载明该仲裁员计费方式，通常为小时费率及 / 或日费率（以下简称表定费率），日费率预计为全天以一天 7 小时计算的庭审时间。[①]

ICDR 国际仲裁规则第 38（2）条规定，[②] 仲裁程序开始后，ICDR 应尽快与各方当事人及所有仲裁员协商，考虑仲裁员的表定费率及涉案金额大小与复杂程度后，决定于个案中计算仲裁员报酬适当的日费率或小时费率。[③]

ICDR 国际仲裁规则（International Arbitration Rules）及 ICDR 仲裁员计费指引（Billing Guidelines for ICDR® Arbitrators）[④] 均没有规定仲裁员小时费率的上限。

2. 紧急仲裁员

紧急仲裁员的报酬也是采取按时计费的方式。ICDR 就紧急仲裁员程序不收取机构管理费。

---

① ICDR 仲裁员计费指引（Billing Guidelines for ICDR® Arbitrators）第 1 页。

② ICDR 国际仲裁规则（International Arbitration Rules）自 2021 年 3 月 1 日起生效，请参见：https://www.icdr.org/sites/default/files/document_repository/ICDR_Rules_1.pdf?utm_source=icdr-website&utm_medium=rules-page&utm_campaign=rules-intl-update-1mar（最后访问时间：2021 年 7 月 26 日）。

③ 此外，可一并供参考的是美国仲裁协会商事仲裁规则（AAA Commercial Arbitration Rules，自 2013 年 10 月 1 日起生效，以下简称 AAA 商事仲裁规则）的规定。AAA 商事仲裁规则第 R-55 条规定：仲裁员的报酬应依仲裁员的表定费率计算，倘当事人不同意仲裁员的表定费率，则应由美国仲裁协会与仲裁员商议后决定，并向当事人确认。所有与仲裁员报酬相关的商议，均应由美国仲裁协会为之。

④ 请参见：https://www.icdr.org/sites/default/files/document_repository/ICDR_Arbitrator_Billing_Guidelines.pdf（最后访问时间：2021 年 7 月 26 日）。

3. 仲裁庭秘书

2021年版ICDR国际仲裁规则的修订要点之一是首次明文规定仲裁庭经当事人同意后可以指定仲裁庭秘书，且须遵守ICDR关于仲裁庭秘书的指引。[①]2021年版ICDR国际仲裁规则没有明文规定仲裁庭秘书报酬的小时费率上限。

至于仲裁员个人的行政助理，除非已经在ICDR仲裁员履历中明文提及，否则不得另向当事人请求因仲裁员个人的行政助理所发生的成本及费用。[②]

4. 可以计费的时间

比较特别的是，在ICDR管理下的仲裁程序，如果仲裁员就庭审以外的时间也拟收取报酬，必须在ICDR仲裁员简历的“报酬（compensation）”栏中表明，否则，仲裁员原则上仅就庭审时间收取报酬。[③]此外，仲裁员就（a）与ICDR人员讨论案件；以及（b）与案件管理人员书信、电话、传真、电邮等所花费的时间原则上不得计费；倘仲裁员拟就上述时间计费，亦应于其ICDR仲裁员履历的“报酬”栏中载明。[④]

ICDR亦提示仲裁员，取消费是不受欢迎的。大多数的ICDR仲裁员就因当事人和解或进行和解谈判而取消或展延仲裁庭审时，并不收取取消费。如果仲裁员欲收取取消费，应于其履历中的“报酬”（Compensation）栏就取消费单独列项说明；并且，就于庭审前72小时之前通知取消或展延庭审的情况，不得收取取消费。案件管理人可以电话或电邮方式通知取消或展延庭审。[⑤]

ICDR仲裁员履历中关于“报酬”的部分列示如下：

“**Compensation**

Hearing:	US$ ×××/hour（or US$ ×××/day）
Studying:	US$ ×××/hour（or US$ ×××/day）

① ICDR国际仲裁规则（International Arbitration Rules）第17条。

② ICDR仲裁员计费指引（Billing Guidelines for ICDR® Arbitrators）第1页“Per Diem/Hourly Fees”第4点。

③ ICDR仲裁员计费指引（Billing Guidelines for ICDR® Arbitrators）第1页“Per Diem/Hourly Fees”第1点。

④ ICDR仲裁员计费指引（Billing Guidelines for ICDR® Arbitrators）第1页“Per Diem/Hourly Fees”第3点。

⑤ ICDR仲裁员计费指引（Billing Guidelines for ICDR® Arbitrators）第1页“Cancellation Fees”。

Travel：US$ ×××/hour（or US$ ×××/day）
Cancellation：US$ ×××/hour（or US$ ×××/day）
Cancellation Time period ××Days”

仲裁员收取取消费时必须出具声明，说明其无法就已计费（收取取消费）的时间重新安排、进行其他专业活动。[①]

5. 请款单

所有仲裁员的请款单均应于作出终局仲裁裁决前提出，于仲裁案件结案后才提出的请款单不予受理。[②] 请款单应载明所花费的时间并详细描述已进行的工作，不能过于简略，例如：仅写“for services rendered”是不能被接受的。[③]

6. 机构管理费

美国仲裁协会及 ICDR 就仲裁案件收取的管理费均是以争议金额为基础的收费表计算。

三、按时计费的优缺点

按时计费的方式有其优点，包括：其一，在案情单纯的案件中，仲裁员所花费时间较少，仲裁员报酬也较少，特别是在标的大而案情单纯的案件中，可以避免发生仲裁员报酬与实际所投入的工作量明显失衡的情况；反之，在标的小而案情复杂的案件中，亦是如此。其二，按时计费的方式提供仲裁员愿意花时间办理仲裁案件的动机。其三，有助于减少或消除首席仲裁员与边裁各自工作量与报酬的失衡：如果首席仲裁员负责撰拟程序令、裁决的初稿，其工作时间较长，按时计费所收取的报酬也较多。[④]

但按时计费的方式也有其缺点，包括：其一，可能发生一方当事人先选任了在业界地位崇高，费率也很高的仲裁员，迫使另一方当事人必须考虑也选任一位在威望及费率上均可与之匹配的仲裁员，以保持仲裁庭成员间的“平

---

① ICDR 仲裁员计费指引（Billing Guidelines for ICDR® Arbitrators）第 1 页“Cancellation Fees”。

② ICDR 仲裁员计费指引（Billing Guidelines for ICDR® Arbitrators）第 2 页“Billing Languages”第 2 点。

③ ICDR 仲裁员计费指引（Billing Guidelines for ICDR® Arbitrators）第 2 页“Billing Languages”第 1 点。

④ Bruno Guandalini，Economic Analysis of the Arbitrator’s Function（Kluwer Law International 2020），第 3 章第 3.02 节。

衡”；如此，可能促使当事人在选任仲裁员时，倾向于选择小时费率较高的仲裁员，而未适当考虑具体仲裁员人选在个案中是否确实合适、是否另有较为有效率或性价比较高的人选。其二，可能使仲裁员倾向于以较花费时间的方式办理仲裁案件。其三，此计费方式对当事人而言具有不确定性，尽管有些机构规定的仲裁员小时费率的上限（例如伦敦国际仲裁院、港仲）及/或规定仲裁员所能请求者为合理付出工作的报酬，[①] 但仍然无法完全解决按时计费的方式使当事人就最终仲裁员报酬不具预见可能性的问题。

为解决预见可能性的问题，AAA/ICDR 自 2018 年 8 月起引入了“替代性报酬安排”（Alternative Fee Arrangements，以下简称本安排）。目前适用本安排的案件为双方当事人为商务及工程案件、独任仲裁员、适用普通程序或重大、复杂案件程序的案件。当事人于选任仲裁员之前，可以与仲裁员商议决定选用下列方式之一，以取代依按时计费的方式计算仲裁员报酬[②]：

- 固定费用安排（Fixed-fee Arrangement）：各方当事人与仲裁员约定固定费用的仲裁员报酬，并且分为庭审前、庭审、庭审后各阶段的固定费用；或
- 封顶费用安排（Capped Fee Arrangement）：各方当事人与仲裁员就整个仲裁程序的仲裁员报酬约定一个封顶的费用，在达到该封顶费用前，以按时计费方式计算仲裁员报酬。

虽然不是所有类型的案件都适用本安排，也不见得每位仲裁员都同意适用本安排，但至少就部分可适用的案件提供了按时计费的方式之外的其他选项。

相对地，为减少在按争议金额计费的方式下，仲裁员的报酬与其实际工作量失衡的可能性，有的仲裁机构亦采取一些措施，例如在由国际商会国际仲裁院管理的案件中，仲裁员的报酬由仲裁院酌定；秘书处会在案件进行过程中及结案前要求仲裁员提出工作时间及差旅说明（Statement of time and travel for work done）就下列各大项分别列明其已花费的时间及预计花费的时间，作为参考。

① 例如：港仲仲裁规则附录 2 第 9.1 条，“for all work reasonably carried out in connection with the arbitration”。

② 请参见：https://go.adr.org/AFA.html（最后访问时间：2021 年 7 月 26 日）。

- 研读案情（Case Study Reading Submissions and other Documents and Materials）
- 调研（Research）
- 与秘书处沟通（Communications with the Secretariat）
- 与当事人、仲裁庭其他成员及其他涉案人员沟通（Communications with Parties, Other Members of the Tribunal and other Entities Involved）
- 庭审、会议（Hearings / Meetings）
- 差旅时间（Travel Time）
- 仲裁庭评议（Deliberations）
- 撰拟程序令（Drafting Procedural Orders）
- 撰拟裁决［Drafting Award（s）］

因此，即便依国际商会国际仲裁院管理的案件中，仲裁员的报酬是采取按争议金额计费的方式，但仲裁员仍需要有工时记录，才能依要求提出工作时间及差旅说明。

四、对仲裁员报酬的审核机制

有些国家的法律规定当事人对于仲裁员之报酬及费用开支的给付义务以合理者为限，并且明定法院可以核定仲裁员的报酬及费用开支，例如，英国 1996 年仲裁法第 28 条第 1 款及第 2 款。[①] 又如，葡萄牙自主仲裁法第 17（3）条规定，[②] 倘未经当事人于仲裁庭组成前同意，当事人可以向有管辖权的法院申请核定由仲裁庭决定的仲裁员报酬。不论是哪一种计算仲裁员报酬的方式，均适用上述法院关于仲裁员报酬的核定机制。此外，特许仲裁学会关于仲裁

---

① 英国 1996 年仲裁法第 28 条第 1 款、第 2 款规定：（第 1 款）"The parties are jointly and severally liable to pay to the arbitrators such reasonable fees and expenses（if any）as are appropriate in the circumstances"；（第 2 款）"Any party may apply to the court（upon notice to the other parties and to the arbitrators）which may order that the amount of the arbitrators' fees and expenses shall be considered and adjusted by such means and upon such terms as it may direct." 请参见：https://www.legislation.gov.uk/ukpga/1996/23/section/28（最后访问时间：2021 年 7 月 26 日）。

② 葡萄牙 Voluntary Arbitration Law（Law no. 63/2011）第 17（3）条，转引自：José Miguel Júdice, State Courts' Decisions on Reduction of Arbitrators' Fees: Comparing Apples to Apples or Apples to Oranges? 登载于：Kluwer Arbitration Blog，2015 年 4 月 14 日。

员的聘任条件包括仲裁员报酬的指引中，关于第2条的评述也提及[①]：不论选用哪一种计算仲裁员报酬的方式，仲裁员的报酬均应为在考虑个案的所有情况后为合理者。

就仲裁机构而言，有些采取按时计费方式计算仲裁员报酬的机构明定仲裁员仅就其“合理”的工作时间可以请求仲裁员报酬，例如港仲仲裁规则；[②]相对地，即便是采取按争议金额计算仲裁员报酬的机构中，有些亦规定仲裁机构在一定的范围内，可以酌定仲裁员的报酬，例如前引国际商会国际仲裁院即有权酌定仲裁员报酬，其除了考虑仲裁员在具体个案中所投入的时间之外，并且明文规定：倘仲裁员有效率地进行仲裁程序，仲裁员可以增加仲裁庭报酬；[③]相对地，如果仲裁庭未在一定期限内提出仲裁裁决草稿供核阅时，国际商会国际仲裁院有权减少仲裁庭的报酬，最高可减少20%。[④]

与此类似的规则尚有2018年版维也纳国际仲裁中心（VIAC）仲裁规则。维也纳国际仲裁中心就仲裁员的报酬也提出采取按争议金额计费的方式；但维也纳国际仲裁中心仲裁规则第16.6条及第44.7条规定，[⑤]维也纳国际仲裁中心秘书长在决定仲裁员报酬时，可以考虑仲裁员的行为（是否有效率地、以节省时间及费用的方式进行仲裁程序），在特别复杂的案件，或仲裁员特别有效率的案件中，秘书长有权增加表定仲裁员费用最高达40%；反之，尤其在仲裁

① 《特许仲裁学会第2号指引：聘任条件包括仲裁员报酬》（The Chartered Institute of Arbitrators Guideline 2 Terms of Appointment including Remuneration）关于第2条的评述（Commentary on Article 2）第i）a）条。

② 港仲仲裁规则附录2第9.1条。

③ 国际商会国际仲裁院《当事人和仲裁庭在国际商会规则下参与仲裁程序的指引》（Note to Parties and Arbitral Tribunals on the Conduct of The Arbitration Under the ICC Rules of Arbitration，自2021年1月1日生效）第154点。

④ 同前注第155点。

⑤ 2018年版维也纳国际仲裁中心仲裁规则第16.6条规定“The conduct of any or all arbitrators（Article 28 paragraph 1）may be taken into consideration by the General Secretary in determining the arbitrators’ fees（Article 44 paragraphs 2，7 and 10）”；第44.7条后段规定，“The Secretary General may increase the arbitrators’ fees according to his own discretion by a maximum total of 40 percent vis-à-vis the schedule of fees（Annex 3），in particular for especially complex cases or for especially efficient conduct of proceedings；conversely，the Secretary General may decrease the arbitrators’ fees by a maximum total of 40 percent，in particular for inefficient conduct of proceedings”。

员特别没有效率的情况下，秘书长有权减少表定仲裁员费用最高达 40%。

五、结语

除了公平、公正地解决争议的基本需求之外，当事人也追求在时间及费用上都能高效地解决争议。如前所述，不同的仲裁员报酬计算方式各有其利弊，一些国家以法律规范来确保仲裁员报酬在具体个案中的合理性，一些仲裁机构也在其规则和指引中试图建立能鼓励仲裁员更加有效率地进行仲裁程序，并且获得相应的合理报酬的机制。各种计算仲裁员报酬的方式中，似乎没有一种是可以普遍适用的绝对最佳方式，所以有些仲裁机构的规则中，除了采用某种方式外，也提供了可以微调的选项；不变的是，在提供争议解决服务的市场中，建立"仲裁"是个高效的争议解决机制，应是仲裁机构与仲裁员的共同目标，也需要仲裁机构与仲裁员的共同努力。

中国法下仲裁保全和临时措施制度之研究：现状、问题及新发展

高　杨*

- **摘要**

围绕涉及我国内地仲裁程序的临时措施，本文主要讨论了三个主要问题。第一，依据我国法律规定，仅人民法院有权力作出保全措施，但该现状有可能通过仲裁机构制定仲裁规则进行突破：依据当事人选定的仲裁规则，仲裁庭和紧急仲裁员有权力在仲裁程序中作出临时措施。这种权力来源于当事人对仲裁规则的同意，这一意思表示包含当事人对仲裁员作出临时措施的默示同意和间接授权。这是对当事人意思自治原则的贯彻，也是私法领域"法无禁止即允许"法律原则的体现。因此，仲裁临时措施原则上对当事人应具有约束力，除非当事人以明确的合意排除仲裁规则中关于仲裁临时措施的适用。同时，因为我国法律没有授权或要求法院执行此类仲裁临时措施，由仲裁庭或紧急仲裁员作出的临时措施目前尚不具有可执行性，难以申请法院强制执行。故这种仲裁临时措施的有效性并不完整，主要依赖于当事人的主动履行。第二，内地仲裁程序中，仲裁庭或紧急仲裁员裁定作出临时救济有可能得到境外法院的承认

---

* 高杨，澳洲国立大学博士；本文曾获得第八届"北仲杯"全国高校仲裁征文大赛一等奖。本文创作于 2020 年并定稿于 2021 年初，反映了 2021 年 7 月《仲裁法（修订）（征求意见稿）》出台之前的现状。

和执行。此外，当事人还可以向境外法院直接申请临时救济。本文的讨论以香港法院近期涉内地仲裁的司法案例展开，总结、分析、梳理了这方面的最新发展。第三，对境外仲裁程序，长期以来，我国内地法院原则上不会提供关于保全措施的司法协助，但《关于内地与香港特别行政区法院就仲裁程序相互协助保全的安排》对此传统规则予以突破，让符合条件的香港仲裁程序的当事人可以直接向内地法院申请保全措施。这见证了“一国两制”下跨境司法协助的创新与重要发展，有利于实现“内地—香港”跨境商事争议解决的司法正义，进一步增强香港在国际仲裁领域的竞争力，让香港仲裁为涉内地的跨境商事争议解决发挥更加不可替代的重要作用。

• **关键词**

仲裁临时措施　法院保全措施《香港仲裁条例》国际商事仲裁　跨境司法协助

Abstract: This article addresses three major questions with respect to interim measures in arbitral proceedings seated in Mainland China. First, under applicable Chinese law, it is only Mainland courts that have the legal authority to order preservation measures. But this status quo may be changed by the arbitration rules made by Mainland arbitration institutions. Based on arbitration rules authorizing arbitral interim measures and selected by disputing parties, arbitral tribunals and emergency arbitrators could be granted with the arbitral authority to issue these remedies in arbitral proceedings. Notably, when selecting these arbitration rules, the disputing parties have implicitly consented to arbitrators' authority to render interim measures. In this way, this arbitral authority on interim measures is grounded on party autonomy, a fundamental principle of arbitration, and is a manifestation of an overarching legal principle—"everything which is not forbidden is allowed by the law". Therefore, arbitral interim measures, in principle, should bind disputing parties, unless they expressly indicate that they would not consent to arbitrators' authority to grant these measures. Meanwhile, given Chinese law's silence on this matter, arbitral interim measures thus far remain unenforceable via Chinese courts. This makes the effectiveness of arbitral interim measures incomplete, which primarily relies on the parties' voluntary compliance. Second, this legal dilemma of unenforceable arbitral interim measures could be partly resolved by seeking enforcement through an offshore court. Moreover, a party may also directly apply for interim measures from an offshore judiciary. Focused on the recent judicial practices of Hong Kong courts with respect to Mainland-seated arbitral proceedings, this article provides a comprehensive review of these notable developments. Third, it has long been the rule that a party to an offshore arbitral proceeding is unable to apply for preservation measures from Mainland courts. However, this traditional rule has been substantially changed by the Arrangement Concerning Mutual Enforcement of Arbitral Awards Between the Mainland and the Hong Kong Special Administrative Region. By virtue of this instrument, a party to an eligible Hong Kong-seated arbitration is empowered to directly apply for court-ordered preservation measures from Mainland courts. A manifestation of innovative cross-border judicial assistance under the structure of "One Country, Two Systems", this instrument is conducive to achieving transnational justice in Mainland-Hong Kong context, and could contribute to Hong Kong's competitiveness in the arena of international arbitration, thereby enabling Hong Kong to play a more indispensable role in resolving cross-border commercial disputes.

Key Words: arbitral interim measures, court-ordered preservation measures, Hong Kong Arbitration Ordinance, international commercial arbitration, cross-border judicial assistance

引言

随着国际商事仲裁在解决跨境商事争议的日益普及，各大国际仲裁机构先后在仲裁规则中规定仲裁庭（或紧急仲裁员）有权作出临时救济。一些主要的仲裁地法域也通过国内法确认了仲裁员作出的临时救济的可执行性。2006年联合国国际贸易法委员会《国际商事仲裁示范法》（以下简称《示范法》）进行修订，亦用新增的章节专门规定了仲裁庭作出临时措施的权力与跨境执行和司法审查的相关机制。①

对于临时措施的研究，我国学者现有成果大多集中于介绍《示范法》关于临时措施制度的规定（侧重于其对我国立法和司法的借鉴作用），我国法律体系和仲裁规则中关于保全措施的综述评析，比较法视野中他国关于临时措施的立法及运作模式等方面；其中一些近期的成果也关注了我国《民事诉讼法》的修订、上海《自贸区仲裁规则》就临时措施的制度创新以及引入紧急仲裁员制度等问题。② 但是对以下方面却少有深入讨论：一是我国内地仲裁机构是否可以通过修订仲裁规则对现有法律体系的突破，二是我国内地为仲裁地的仲裁程序作出的仲裁临时措施决定在境外的可执行性问题，三是境外仲裁程序中仲裁员作出的临时措施在我国内地法院的可执行性问题。

围绕临时措施的相关法律问题，本文主要讨论了三个核心问题。一是中国法项下，在以内地为仲裁地的仲裁程序中，仲裁庭或紧急仲裁员是否有权力对仲裁协议的一方作出临时措施，仲裁员作出的临时措施的权力来源（power of authority）是什么，以及该类仲裁临时措施在中国法下的法律效力如何。二

① 参见 UNCITRAL Arbitration Rules（as revised in 2010），art. 26; International Chamber of Commerce，2021 Arbitration Rules，art. 28（effective Jan. 1，2021）; Arbitration Institute of Stockholm Chamber of Commerce，Arbitration Rules，art. 37（Jan. 1，2017）; London Court of International Arbitration，Arbitration Rules，art. 25（Oct. 1，2020）; Singapore International Arbitration Centre，Arbitration Rules of the Singapore International Arbitration Centre，rule 30（Aug. 1，2016）。参见 UNCITRAL Model Law on International Commercial Arbitration（1985），with Amendments as Adopted in 2006，art. 17 H。参见 Tijana Kojović，*Court Enforcement of Arbitral Decisions on Provisional Relief*: *How Final is Provisional?*，18（5）J. Int'l Arb. 511，511（2001）。

② 参见鲍冠艺、黄伟：《论仲裁庭下达临时措施的执行——兼析〈示范法〉临时措施执行规则》，载《仲裁研究》第 17 辑，第 19 页。张文亮：《涉外临时救济的三重困境及应对分析——兼评我国现行涉外临时救济体系》，载《现代法学》2017 年第 6 期，第 156 页。高文杰：《中国仲裁保全和临时措施制度的立法缺位和建议》，载《北京仲裁》第 100 辑，第 21 页。黄凯绅：《仲裁临时保全措施及法院本位主义：法制变革上的建议》，载《交大法学》2019 年第 3 期，第 142 页。张虎：《〈自贸区仲裁规则〉下临时措施实践的困境与出路》，载《大连海事大学学报（社会科学版）》2015 年第 6 期，第 35 页。李晶：《国际商事仲裁中临时措施在中国的新发展——以民诉法修改和仲裁规则修订为视角》，载《西北大学学报（哲学社会科学版）》2014 年第 6 期，第 22 页。秦红嫚：《我国引入紧急仲裁员制度之反思》，载《中国国际私法与比较法年刊》2016 年第 19 卷，第 185 页。

是内地仲裁程序中，仲裁庭或紧急仲裁员裁定作出的临时救济是否有可能得到境外法院的承认和执行，以及当事人可否向境外法院直接申请临时救济。本文的讨论以香港法院近期涉内地仲裁的司法案例展开，总结、分析、梳理了这方面的最新发展。三是中国内地法院是否会为境外仲裁程序提供关于保全措施的司法协助（包括执行仲裁临时措施和裁定保全措施），此方面的传统规则和最新发展如何。对此，本文的讨论以《关于内地与香港特别行政区法院就仲裁程序相互协助保全的安排》（以下简称《安排》）为例展开。

一、概述：临时措施的定义、种类与意义

商事仲裁中的仲裁临时措施（arbitral interim measures），也称为临时救济（interim remedies），是指仲裁程序中或仲裁程序开始前，为保障将来作出的裁决能得到执行或维护仲裁的正当程序，仲裁庭在作出裁决前裁定的临时性保全措施。[①] 在仲裁程序中，一方当事人可能会存在一些不当行为，如转移财产、处分争议的标的物、篡改、破坏证据等，会导致将来的仲裁裁决难以执行，或严重影响仲裁的正当程序。鉴于国际仲裁的审理周期普遍较长，这种风险往往更加突出。[②] 对此，主要国际仲裁机构的仲裁规则通常规定，仲裁庭有权行使裁量权，裁定作出其认为合理的临时措施；由仲裁庭作出临时救济在国际仲裁实践中较为常见。这方面制度的新发展使各大国际仲裁规则规定了紧急仲裁制度，规定仲裁程序开始前，经当事人申请，仲裁机构指定的紧急仲裁员可以作出临时救济。[③] 普通法系的诉讼程序中，对应的典型概念是法院作出的禁令（injunction）。

国际商事仲裁中的临时措施通常包括以下三类。一是为便利仲裁程序而作出的措施，如保全、收集相关证据的裁定、禁止一方当事人另行提起诉讼的禁诉令、禁止公开保密文件的裁定等；二是为维持现状（status quo）而作出的措施，如责令一方当事人继续履行相关合同的裁定，仲裁程序期间中止特

---

① Ali Yesilirmak, Provisional Measures in International Commercial Arbitration 4 (2005).

② Mika Savola, *Interim Measures and Emergency Arbitrator Proceedings*, 23 Croat. Arbit. Y.B. 73, 73 (2016).

③ Martin Valasek & Jenna Anne de Jong, *Enforceability of Interim Measures and Emergency Arbitrator Decisions*, in Norton Rose Fulbright Int'l Arb. Rep., May 2018, at 17.

定公司决议的效力的裁定，责令一方当事人不得擅自处分仲裁程序所争议的标的物的裁定；三是为便于执行将来的仲裁裁决或为确保被申请人拥有充分履债能力而作出的措施，如禁止一方当事人于仲裁程序期间在特定法域内转让其资产的裁定（如普通法下的 Mareva 裁定）等。①

就作出临时措施所需满足的法律要件，《示范法》第 17A 条规定为“难以充分补偿的损害”、“便利平衡”（balance of convenience）和“实体胜诉可能性”，即“不下令采取这种措施可能造成损害，这种损害无法通过判给损害赔偿金而充分补偿，而且远远大于准予采取这种措施而可能对其所针对的当事人造成的损害；以及根据索赔请求所依据的案情，请求方当事人相当有可能胜诉”②。

我国《民事诉讼法》没有规定仲裁临时措施，但规定了法院保全措施的制度：在诉讼或仲裁程序开始前或程序中，人民法院可以作出财产保全、证据保全和行为保全。在功能上，这三种法院保全措施与国际仲裁中的临时措施基本类似。但值得注意的是，相较于国际仲裁中常见的临时措施，我国法院的保全措施具有自身的独特优点。一是相比国际仲裁中临时措施而言，当事人申请法院保全措施，在程序上整体而言更简短，法院审理过程有“短、平、快”的特点，当事人的法律和经济成本更低。二是就需要满足的实体法律要件而言，《民事诉讼法》规定的法律要件并不包括“便利平衡”和“实体胜诉可能性”，相较国际仲裁程序申请仲裁临时措施而言，当事人往往更容易满足。三是法院的审理程序无须对方当事人出庭或应诉答辩，而国际仲裁中出于程序正义（due process）的考量，仲裁庭通常会要求被申请人出庭或答辩，以充分维护其正当程序的权利（a right to due process）或合理陈述的权利（a right to be heard）③。

---

① Mika Savola, *Interim Measures and Emergency Arbitrator Proceedings*, 23 Croat. Arbit. Y.B. 73, 77–78（2016）.

② UNCITRAL Model Law on International Commercial Arbitration（1985）, with Amendments as Adopted in 2006, art. 17 A: “（a）Harm not adequately reparable by an award of damages is likely to result if the measure is not ordered, and such harm substantially outweighs the harm that is likely to result to the party against whom the measure is directed if the measure is granted; and（b）There is a reasonable possibility that the requesting party will succeed on the merits of the claim. The determination on this possibility shall not affect the discretion of the arbitral tribunal in making any subsequent determination.”

③ Mika Savola, *Interim Measures and Emergency Arbitrator Proceedings*, 23 Croat. Arbit. Y.B. 73, 79（“[I] t is widely accepted that there is no place for purely ex parte arbitral interim relief in international arbitration”）.

四是法院作出的保全措施直接具有可执行性，而仲裁庭作出的保全措施通常需要对方当事人主动履行；被拒绝履行时，往往需要向有管辖权的法院申请强制执行。

但是，同时也应辩证地看到：国际仲裁中，仲裁庭作出临时措施存在特有的“比较优势”。具体而言，主要体现在以下方面：一是国际仲裁程序相比在当地国法院的诉讼程序而言所通常具备的优点，包括国际仲裁所具有的中立性、独立性、专业性、保密性，可以选择商事专家裁判，实现当事人意思自治。二是在国际仲裁中，当事人直接申请仲裁庭作出临时措施，可避免另行向外国法院提起申请作出临时措施的诉讼程序。这可以节省额外的开支，避免另外聘请具有当地资格的出庭律师，并避免对方当事人就法院作出的临时措施提起上诉程序。在此意义上，申请仲裁临时措施，在程序上更便捷，在时间上更为经济。试想，如果我国某企业在中东或非洲某个国家就履行合同发生争议，如果选择国际仲裁解决纠纷，往往可以避免当地法院可能存在的程序拖延和地方保护主义等一些弊端，更好地为我国企业和投资的合法权益保驾护航。三是如果国际争议涉及多个法域，由仲裁庭作出临时措施，可以避免就申请法院作出临时措施而由当事人在不同法域同时提起的平行诉讼程序（parallel proceedings），从而避免后者可能带来额外的成本和彼此不一致的法院裁定。四是相比于某当地国法院作出的临时措施，由仲裁庭作出临时措施更容易在其他法域得到承认和执行。这是因为：2006 年修订的《示范法》的缔约国通常已经通过国内立法，对境外仲裁庭作出临时措施的可执行性作出相应的法律规定（通过适用《示范法》第 17 条的相关内容）。而依据《示范法》的规定，对境外仲裁庭作出临时措施的司法审查，法院可以拒绝承认和执行的法律事项有限，原则上以程序性审查为主，通常不涉及实体性审查，[①] 这十分有利于仲裁临时措施的跨境承认和执行。此外，根据 James E. Castello 和 Rami Chahine 的研究显示，2006 年修订版《示范法》出台后，即使在一些没有加入《示范法》的法域，也出现了倾向于支持承认和执行境外仲裁庭临时措施的法院案例和司法政策。[②] 因此，就算执行地的法域没有在国内法规定

① UNCITRAL Model Law on International Commercial Arbitration（1985），with Amendments as Adopted in 2006，art. 17 I.

② James E. Castello & Rami Chahine，*Enforcement of Interim Measures*，*in* The Guide to Challenging and Enforcing Arbitration Awards 100，107（J William Rowley QC et al. eds.，2019）.

《示范法》第17条的相关内容，也有可能成功地申请承认和执行仲裁临时措施。但对法院作出的临时措施而言，尚无类似的国际法律框架或国际共识。这一点可以给跨境仲裁的当事人带来程序上的便利和保障，举例而言：如果某仲裁程序执行地在新加坡，而仲裁地在中国内地，假设由中国法院作出保全措施，则该措施通常难以得到新加坡法院的承认和执行；但如果由仲裁庭作出临时措施，则有可能依据新加坡法律得到当地法院的执行。

因此，首先，二者对比而言，法院的保全措施和仲裁庭的临时措施往往没有绝对意义上的“优劣”，但对具体案件的当事人可能带来相对意义上的“便捷”。上述讨论并非为了说明仲裁临时措施绝对会优于法院作出的保全或临时措施；相反，却可以显示让二者并存的必要性，这可以为当事人提供更加多元化的法律救济。事实上，虽然二者具有一定的竞争关系，但也应看到二者同时可能存在更多的功能“互补性”：仲裁庭作出的临时措施可以减轻法院案件激增的负担；而法院作为一个“保底”的选项（default option），既可以直接作出临时措施，也可以执行仲裁庭（或紧急仲裁员）作出的临时措施，从而为商事争议解决提供就临时措施的“托底”功能。其次，对于中国仲裁的当事人而言，在大部分国内仲裁案件中，直接向法院申请保全措施的选项，可能通常足以为仲裁程序保驾护航。但是，如果仲裁地在中国内地、执行地在境外，由仲裁庭（或紧急仲裁员）作出临时救济，则可以为当事人额外提供一项司法救济的重要保障，有利于维护跨境仲裁案件的程序正当性，防止将来仲裁程序的胜利果实被“窃取”或破坏。因此，对跨境商事争议解决的当事人，仲裁临时措施可以提供重要的法律救济。从这个角度出发，在制度设计上，有必要给当事人提供向仲裁员申请临时措施的这一选项。至于当事人会选择仲裁临时措施还是法院保全措施，则由其自主决定，需要在具体案件中结合案情和自身需求作出选择。最后，规定仲裁临时措施，还可以促进中国仲裁与国际仲裁的规则和实践进一步接轨，赋予仲裁员或仲裁机构更大的程序性权力，进一步实现中国仲裁的国际化发展。

二、我国法律体系下的仲裁临时措施和保全措施

（一）现有法律规定下仲裁规则的突破

我国《仲裁法》和《民事诉讼法》没有直接规定仲裁员是否有权力裁定临时救济，法律仅仅规定了当事人可以在仲裁程序中或仲裁程序开始前，向

法院申请保全措施（包括财产、证据和行为保全）。[①] 主流观点通常认为，在现有法律规定下，只有人民法院具有裁定保全措施的权力，而仲裁庭无权作出临时救济，即我国法律确认了法院独占作出临时救济权力的"单轨制"立法和运作模式。[②] 值得注意的是，在当事人向法院申请仲裁保全的程序中，仲裁机构应按照民诉法规定将当事人申请提交给法院，[③] 但并没有作出对保全措施是否具有决策、建议权的规定。因此，依据法律规定，无论是仲裁机构还是仲裁庭，都没有直接作出临时措施的权力。

然而，随着中国仲裁实践的发展，一些国内主要仲裁机构通过修订仲裁规则，对法院独占保全措施决定权的"单轨制"模式进行了不同程度上的突破。首先，2012年《中国国际经济贸易仲裁委员会仲裁规则》（以下简称《贸仲委仲裁规则》）第21条规定："经一方当事人请求，仲裁庭依据所适用的法律可以决定采取其认为必要或适当的临时措施，并有权决定请求临时措施的一方提供适当的担保。仲裁庭采取临时措施的决定，可以程序令或中间裁决的方式作出。"[④] 该条文亦出现在2015年《贸仲委仲裁规则》中，"经一方当事人请求，仲裁庭依据所适用的法律或当事人的约定可以决定采取其认为必要或适当的临时措施"。[⑤] 同时，该条款还规定，"当事人依据中国法律申请保全的"，仲裁委"应当依法将当事人的保全申请转交当事人指明的有管辖权的法院"。[⑥]

其次，2015年及2019年《北京仲裁委员会仲裁规则》（以下简称《北仲委仲裁规则》）第62条第1项规定："根据当事人申请，仲裁庭可以依据有关法律决定采取其认为适当的临时措施，采取临时措施的决定可以以仲裁庭决定、中间裁决或者有关法律认可的其他方式作出。如果必要，仲裁庭有权要

---

① 《仲裁法》第28条、第46条。《民事诉讼法》第81条、第100条、第101条。

② 参见高文杰：《中国仲裁保全和临时措施制度的立法缺位和建议》，载《北京仲裁》第100辑，第21页。黄凯绅：《仲裁临时保全措施及法院本位主义：法制变革上的建议》，载《交大法学》2019年第3期，第142页。李晶：《国际商事仲裁中临时措施在中国的新发展——以民诉法修改和仲裁规则修订为视角》，载《西北大学学报（哲学社会科学版）》2014年第6期，第22页。

③ 《仲裁法》第28条第2款。

④ 2012年《贸仲委仲裁规则》第21条第2项。

⑤ 2015年《贸仲委仲裁规则》第23条第3项。

⑥ 2012年《贸仲委仲裁规则》第21条第1项。2015年《贸仲委仲裁规则》第23条第1项。

求申请临时措施的当事人提供适当的担保。”[①] 值得注意的是，这一条款位于《北仲委仲裁规则》“第八章国际商事仲裁的特别规定”项下，故仅适用于国际商事案件（即仲裁庭认定具有国际因素的案件）或涉港澳台的跨境仲裁案件（参照适用）。[②] 而对国内仲裁案件,《北仲委仲裁规则》第 17 条仍规定：当事人提出保全申请的，北仲委将当事人的申请提交至有管辖权的法院。[③]

最后，一些主要仲裁规则出现了“紧急仲裁”制度。例如，2015 年《贸仲委仲裁规则》规定了“紧急仲裁制度”，规定“根据所适用的法律或当事人的约定”，当事人可以向仲裁院申请紧急性救济，由仲裁院任命的紧急仲裁员采取“必要或适当的紧急性临时救济措施”，并规定“紧急仲裁员的决定对双方当事人具有约束力”。[④]2015 年和 2019 年的《北仲委仲裁规则》也在“国际商事仲裁”特别章节规定了“紧急仲裁员制度”：在仲裁庭组庭之前，当事人可以依据有关法律规定，向北仲委申请指定紧急仲裁员；北仲委同意的，应指定紧急仲裁员，后者应就当事人申请临时措施的诉求进行审查（应保证双方当事人均有“合理陈述的机会”；如果必要，可以要求申请方提供担保），并有权作出临时措施的决定。[⑤] 该条文仅适用于国际仲裁案件或涉港澳台仲裁案件。

此外，2014 年和 2015 年《中国（上海）自由贸易试验区仲裁规则》和 2019 年《深圳国际仲裁院仲裁规则》也规定了类似的紧急仲裁制度。[⑥] 其中，前者规则规定：当事人在仲裁案件受理后至仲裁庭组庭前，“可以根据执行地国家 / 地区有关法律的规定”向仲裁委申请组成紧急仲裁庭，仲裁委同意的，应指定一名仲裁员组成紧急仲裁庭审理、作出临时措施。[⑦] 后者规则规定：仲裁程序开始后至仲裁庭组庭前，“在仲裁程序适用法律允许的情况下”，当事人可以向仲裁员申请指定紧急仲裁员，以审理、作出临时措施。[⑧]

---

① 2015 年《北仲委仲裁规则》第 62 条第 1 项。2019 年《北仲委仲裁规则》第 62 条第 1 项。

② 2015 年《北仲委仲裁规则》第 60 条。2019 年《北仲委仲裁规则》第 61 条。

③ 2015 年《北仲委仲裁规则》第 16 条。2019 年《北仲委仲裁规则》第 17 条。

④ 2015 年《贸仲委仲裁规则》第 23 条第 2 项。

⑤ 2019 年《北仲委仲裁规则》第 63 条。

⑥ 2014 年《中国（上海）自由贸易试验区仲裁规则》第 21 条至第 24 条。2015 年《中国（上海）自由贸易试验区仲裁规则》第 21 条至第 24 条。2019 年《深圳国际仲裁院仲裁规则》第 26 条。

⑦ 2014 年《中国（上海）自由贸易试验区仲裁规则》第 21 条至第 24 条。

⑧ 2019 年《深圳国际仲裁院仲裁规则》第 26 条。

一方面，应当看到这些仲裁规则的新规定具有开创性，通过规定仲裁庭或紧急仲裁员在一定情形下作出临时措施或紧急措施的权力，为仲裁程序提供了法院保全措施之外的法律救济。这不仅可以让我国仲裁临时措施的规则和实践与国际仲裁接轨，而且有利于发挥仲裁临时措施的“比较优势”，从而为国际仲裁程序（尤其是涉及执行地在境外的情形）的当事人提供一种额外的法律救济，以保障其合法权益免予不当侵害。另一方面，也应当看到这些规定的适用可能具有限定性。例如，北仲委对于仲裁临时措施（包括紧急仲裁员作出的临时措施）的规定，仅适用于国际仲裁案件或涉港澳台的仲裁案件。而《中国（上海）自由贸易试验区仲裁规则》和《深圳国际仲裁院仲裁规则》也规定紧急仲裁程序的适用前提是“执行地国家/地区有关法律的规定”或“仲裁程序适用法律允许”的情形，其通常含义应指仲裁地在内地、执行地在境外且执行地法律允许仲裁临时措施的情形，或仲裁地也在境外且当地法律允许仲裁临时措施的情形。

（二）仲裁临时措施的拘束力（binding）与可执行性（enforceability）

相对而言，对仲裁庭或紧急仲裁员作出临时措施规定得比较模糊的是贸仲委规则。2015年“贸仲委仲裁规则”规定：“根据所适用的法律或当事人的约定”，当事人可以申请由仲裁庭或紧急仲裁员作出临时措施或紧急仲裁临时措施。[①] 该条文显然也包括这样的情形：虽然案件的仲裁地为中国内地，但当事人约定仲裁程序适用某境外法律，且该法律允许仲裁临时措施。但特别值得讨论的是：如果仲裁地为内地且仲裁程序适用的法律为中国法律，该条款是否同样适用呢？换言之，在内地仲裁中，在仲裁程序适用中国法律的前提下，如果仲裁规则规定仲裁庭或紧急仲裁员可以作出临时措施，当事人可否基于仲裁规则申请仲裁临时措施？仲裁庭是否有权对仲裁协议的一方裁定临时措施？该措施对当事人是否有约束力（binding）？是否可以得到法院强制执行（enforceable）？

本文的观点认为：虽然实践中尚无这样的公开案例，但可以基于鼓励仲裁、支持当事人意思自治的原则，对贸仲委的仲裁规则作一个宽泛的解读（broad interpretation），认为该条款的适用可以授权内地仲裁程序的仲裁庭或紧急仲裁员作出临时措施。具体包括两种不同的情况。一是当事人在仲裁协议或仲

① 2015年《贸仲委仲裁规则》第23条第3项。

裁条款中直接约定仲裁庭或紧急仲裁员可以作出临时措施，如仲裁协议直接约定：任何一方当事人可以“依据《中国国际经济贸易仲裁委员会紧急仲裁员程序》向仲裁委员会仲裁院申请紧急性临时救济”，或约定可以由仲裁庭作出“其认为必要或适当的临时措施”。[①] 此时，对仲裁临时措施，当事人存在直接的授权，存在受其约束的明确意思表示（consent），这应当得到尊重和维护。

二是当事人并未有前述的明确的意思表示的情形。此时，因为贸仲委规则本身规定了仲裁庭或紧急仲裁员作出仲裁临时措施的权力，可以认为：当事人约定将争议提交贸仲委依据贸仲委规则进行仲裁的意思表示，已经包含其接受仲裁庭或紧急仲裁员作出临时措施的默示同意（implicit consent）。此时，虽然当事人没有直接约定仲裁临时措施，但基于其默示的合意，依然可以视为其间接地授权仲裁员作出仲裁措施。[②] 即仲裁庭及紧急仲裁员作出临时措施的权力来源，属于当事人将争议提交仲裁的概括性同意（general consent），后者已经涵盖了当事人对仲裁规则项下仲裁临时措施的默示同意和间接授权。因此，仲裁庭或紧急仲裁员不仅有权力作出仲裁措施，而且该临时措施对当事人应当有约束力（binding）。当然，这一结论存在一种例外：在仲裁协议或条款中，当事人双方以明确的意思表示，排除了对仲裁规则中仲裁临时措施相关条款的适用；此时应当认为：当事人以合意排除了仲裁临时措施的拘束力。[③]

对此，有观点认为，考虑到我国《民事诉讼法》和《仲裁法》并未规定仲裁庭或紧急仲裁员可以就仲裁程序作出临时措施，应当认为仲裁员作出的临时措施会因为“违反仲裁地法的强制性规定”而无效，因为“仲裁地法不允许法院以外的机关（作出）临时保全措施”。[④] 对此，本文认为：该观点混

---

① 参见2015年《贸仲委仲裁规则》第23条。

② See Donald Donovan, *The Allocation of Authority Between Courts and Arbitral Tribunals to Order Interim Measures: A Survey of Jurisdictions, the Work of UNCITRAL and a Model Proposal*, *in* New Horizons in International Commercial Arbitration and Beyond 203 (Albert Jan van den Berg ed., 2005). Ronald Wong, *Interim Relief in aid of international Commercial Arbitration: A Critique on the International Arbitration Act*, 499 S. Ac. L.J. 499, 502 (2012).

③ Ronald Wong, *Interim Relief in aid of international Commercial Arbitration: A Critique on the International Arbitration Act*, 499 S. Ac. L.J. 499, 502 (2012).

④ 参见黄凯绅：《仲裁临时保全措施及法院本位主义：法制变革上的建议》，载《交大法学》2019年第3期，第149页。

淆了关于我国法律的“禁止性规定”和“授权性规定”。诚然，《民事诉讼法》和《仲裁法》没有明确规定仲裁庭或紧急仲裁员可以就仲裁程序作出临时措施，即不存在对此的“授权性规定”。但是，我国法律也没有明确禁止该类仲裁临时措施，故并不存在相关的“禁止性规定”。所谓“禁止性规定”，是指法律命令不得从事某特定行为的情形。如果法律明确禁止仲裁临时措施，仲裁规则依然规定仲裁庭或紧急仲裁员可以作出该类仲裁措施，应该属于违反我国法律的禁止性（或强制性）规定的情形。但是，因为我国法律并不存在禁止仲裁临时措施的此类法律规定，故不能认为该类仲裁临时措施会因此无效。该观点从不存在“授权性规定”的前提，推导出存在“禁止性规定”的结论，其实质是将“授权性规定”等同于“禁止性规定”，混淆了二者的区别和界限。

事实上，就是否承认仲裁临时措施，我国现有法律存在“法律空白”（legal lacuna），即尚不存在对此的“授权性规定”。对此，本文认为，基于鼓励、支持仲裁的立法和司法政策和尊重当事人意思自治的原则，可以通过仲裁机构的仲裁规则，对此“法律空白”进行填补。换言之，虽然法律没有直接规定，但是在法律没有直接禁止的前提下，内地仲裁机构可以通过修订仲裁规则，授权仲裁庭（或紧急仲裁员）作出临时措施。如前所述，当事人通过仲裁协议选定该仲裁机构仲裁，已经构成对该仲裁规则的概括性同意，应当涵盖当事人间接地授权仲裁员作出临时措施的意思表示。毕竟，仲裁程序中，仲裁庭解决民商事争议的权力来源（power of authority）在根本上属于当事人的同意权（consent）。[①] 基于此逻辑，对仲裁规则关于仲裁庭（或紧急仲裁员）作出临时措施的规定，如果当事人存在同意的意思表示，则应承认这种授权，而不宜以我国现有法律没有明确规定为理由，否认其效力。这体现了仲裁程序中当事人意思自治原则，符合“私法领域法无禁止即许可”的法律原则，也可以促使我国仲裁实践和国际仲裁的接轨。

前述讨论了仲裁庭和紧急仲裁员作出临时措施的权力来源及其对当事人存在拘束力的法理基础。随之而来的问题，是该类仲裁临时措施的可执行性

---

① See Donald Donovan, *The Allocation of Authority Between Courts and Arbitral Tribunals to Order Interim Measures: A Survey of Jurisdictions, the Work of UNCITRAL and a Model Proposal*, *in* New Horizons in International Commercial Arbitration and Beyond 203（Albert Jan van den Berg ed., 2005）. Ronald Wong, *Interim Relief in aid of international Commercial Arbitration: A Critique on the International Arbitration Act*, 499 S. Ac. L.J. 499, 502（2012）.

（enforceability），即中国法下，法院是否会强制执行仲裁庭或紧急仲裁员作出的临时措施。本文认为，在没有上位法或司法解释对此明确授权的情况下，我国内地法院一般不会执行该类仲裁措施。原因在于：法院执行仲裁员作出的临时措施，本质是公权力对替代性争端解决的介入，涉及公权力的行使。我国是大陆法系，在没有上位法明确授权时，法院一般会认为自身没有权力执行，通常难以行使裁量权予以执行，这体现了"法无授权即禁止"的公法原则。

综合前述，可以得出这个结论：中国法律下，如果仲裁机构的仲裁规则规定仲裁员可以作出临时措施，则仲裁员应有权作出临时救济（除非当事人对此另有约定），依据在于当事人在仲裁协议或条款中已经对仲裁规则作出同意，该措施对当事人应当具有拘束力。但是，因为中国法没有授权或要求法院执行仲裁员作出的临时救济，所以此类仲裁临时措施尚不具有可执行性，难以得到内地法院的强制执行。

（三）仲裁临时措施的有效性和履行模式（modes of compliance）

虽然目前尚难以得到法院强制执行，这使得仲裁临时措施的有效性并不完整，但仲裁庭或紧急仲裁员作出的临时救济绝非毫无用武之地。事实上，因为对方当事人可能主动履行（voluntary compliance），仲裁临时措施依然可能为申请人提供有效的法律救济。而这种主动履行的原因，很可能是出于对方当事人害怕影响实体问题审理的考虑，即担心无正当理由拒不履行临时措施会给仲裁庭留下不好印象，从而让仲裁庭在一些关键性问题的审理上，作出不利于自身的推断（draw adverse inferences）；也可能是担心仲裁庭在分配仲裁费用时，可能会考虑其拒绝执行临时措施的情况，从而在对仲裁费用的分配上作出不利于自身的相应调整。[①] 通过这些非正式手段，对不遵守履行仲裁临时措施的对方当事人，仲裁庭或紧急仲裁员可以进行一种"软性制裁"（soft sanctions），促使其主动履行此类措施。

区别于国家机关行使公权力让特定主体直接承担不利的法律后果，这种"软性制裁"的行使，主要依赖于仲裁员在仲裁程序中所享有的一些非正式权力（informal powers），主要表现为：在行使自身固有的自由裁量权（discretion）的范畴内，根据对方当事人的具体行为，仲裁员可以作出一些对其不利，但

① Tijana Kojović, *Court Enforcement of Arbitral Decisions on Provisional Relief: How Final is Provisional?*, 18（5）J. Int'l Arb. 511, 519（2001）; Mika Savola, Interim *Measures and Emergency Arbitrator Proceedings*, 23 Croat. Arbit. Y.B. 73, 86–87（2016）.

合乎情理（reasonable）的判断、认定或决定等。为了避免这些潜在的不利情况，在很多情况下，仲裁临时措施的对方当事人可能会主动履行临时措施。事实上，根据一些不完全统计，国际仲裁案件中，仲裁庭作出的临时措施大部分都被对方当事人主动履行，并不涉及申请法院强制执行。①

如前所述，仲裁庭和紧急仲裁员作出的临时措施受到现有“法律空白”的限制，并不具有申请法院强制执行的效力。因此，仲裁员依据仲裁规则作出仲裁临时措施的权力并不完整，主要依赖于当事人的主动履行，以维持自身的有效性（effectiveness）。② 值得强调的是：这种“软性制裁”的权力只能在仲裁程序中行使，也受限于自身行使的边界。③ 例如，如果违反临时措施的收益远大于成本的话，一方当事人仍可能不顾仲裁程序中的潜在不利后果，铤而走险，选择违反临时措施，导致申请方当事人的合法权益受到侵害，或导致将来胜诉的“果实”被不当“窃取”或“篡改”。

总之，当前法律规定下，仲裁庭或紧急仲裁员依据仲裁规则作出的临时措施，对当事人应当具有约束力，但难以得到法院的强制执行。这限制了仲裁员作出临时措施之权力的完整性，导致这种法律救济的有效性主要依赖于当事人主动履行。

三、我国内地仲裁程序就临时措施申请境外法院提供司法协助：以香港为例

前述部分讨论了我国内地仲裁机构通过仲裁规则突破现有法院独占保全措施决策权模式的可行性，并分析了依据仲裁规则确立作出临时措施之权力的限制和弱点。本部分讨论另外两个相关的问题：中国内地的仲裁程序中，仲

① Richard W. Naimark & Stephanie E. Keer, Analysis of UNCITRAL Questionnaires on Interim Relief, in Towards a Science of International Arbitration: Collected Empirical Research (Christopher R. Drahozal & Richard W Naimark eds) (Kluwer Law International, 2005)（提到美国仲裁协会的一项调查显示，在大约90%的受访案件中，对方当事人主动履行了仲裁庭作出的临时措施）。Mika Savola, *Interim Measures and Emergency Arbitrator Proceedings*, 23 Croat. Arbit. Y.B. 73, 87–88 (2016) (“anecdotal evidence suggests that there is generally a high degree of voluntary compliance with interim measures ordered by arbitral tribunals.”).

② See Tijana Kojović, *Court Enforcement of Arbitral Decisions on Provisional Relief: How Final is Provisional?*, 18 (5) J. Int'l Arb. 511, 511–512 (2001).

③ Mika Savola, *Interim Measures and Emergency Arbitrator Proceedings*, 23 Croat. Arbit. Y.B. 73, 87 (2016).

裁庭或紧急仲裁员裁定的临时救济，是否有可能得到境外法域法院的承认和执行？当事人是否可以直接向境外法院申请裁定临时措施的法律救济？这里以香港为例，讨论了香港法项下，申请执行内地仲裁程序作出仲裁临时措施的问题，以及跨境申请香港法院裁定临时救济的问题。

依据《香港仲裁条例》（Hong Kong Arbitral Ordinance，Cap. 609），符合法定情形时，香港法院可以执行香港境外的仲裁庭或紧急仲裁员作出的仲裁临时措施，以协助该仲裁程序。[①] 此外，对香港境外的仲裁程序，基于当事人的申请，香港法院也有权作出临时措施，不论仲裁地的仲裁庭或法院有没有权力作出同样的临时措施。[②] 据此，在涉及跨境执行的案件中，即使我国内地仲裁机构作出的临时措施难以被内地法院执行，当事人依然可以通过申请跨境司法协助的方式，从而得到有效的临时措施救济。

（一）内地仲裁临时措施的跨境执行：GKML 案

虽然目前尚无知晓的香港法院执行内地仲裁庭作出临时措施的案件，但在2018 年北仲委管理的中国内地第一个紧急仲裁程序案件中（GKML 案），香港高等法院承认和执行了北仲委指定的紧急仲裁员作出的仲裁临时措施。该案涉及向香港法院申请承认和执行内地仲裁裁决的问题。申请人是两家香港公司，打算认购一家在香港的目标公司之股份；被申请人是一家开曼群岛注册的公司及该公司的控股股东（中国国籍人士，有资产在香港）。本案投资协议约定适用中国内地的法律，在北仲委进行仲裁。[③]

在提交仲裁申请后，申请人在北仲委提起了紧急仲裁程序，申请紧急仲裁员作出紧急仲裁裁定，以阻止被申请人转移其在香港和其他司法辖区的资产，并打算之后在香港法院申请执行。本案中，北仲委指定的紧急仲裁员，按照程序令中程序时间表的安排（共 10 天）通过电话会议开庭，听取了双方的口头和书面意见，最后作出了紧急仲裁裁定。本案中，申请人申请了四项诉求。一是请求公开被申请人的所有资产状况；二是请求限制被申请人处分、转移、

---

① 《香港仲裁条例》第 22B 条、第 61 条。

② 《香港仲裁条例》第 45 条。

③ Wei Sun，*First Emergency Arbitrator Proceeding in Mainland China*：*Reflection on How to Conduct an EA Proceeding from Procedural and Substantive Perspective*，Wolters Kluwer：Kluwer Arb. Blog（Sept. 1，2018），http://arbitrationblog.kluwerarbitration.com/2018/09/01/first-ea-proceeding-mainland-china-reflections-conduct-ea-proceeding-procedural-substantive-perspectives/［https://perma.cc/GJ89-24ND］.

隐藏其名下的所有财产，或对在其名下的财产设立权利负担，特别是对已知的特定财产［包括被申请人公司享有的一家香港上市公司的债权（贷款）、享有的股份和担保物权］进行限制；三是请求对被申请人作出诉讼禁令（anti-suit injunction），禁止其在所有司法辖区提起相关诉讼程序，以阻碍紧急仲裁裁定的执行；四是请求禁止被申请人指示、要求他人代为进行紧急仲裁裁定所禁止的所有行为。①

北仲委2015年仲裁规则及2019年仲裁规则第63条第4款规定，紧急仲裁员有权采取其认为适当的方式就当事人的临时措施申请进行审查。可见，仲裁规则赋予紧急仲裁员以宽泛的裁量权，但并未规定具体法律要件。本案中，紧急仲裁员参考了其他主要国际仲裁规则对作出临时措施规定的法律要件及国际仲裁的实践，提炼出四个法律要件：1. 申请人是否在案件实体问题上存在合理的胜诉可能性。2. 平衡作出临时措施对双方造成的权利负担，即便利平衡的分析（balance of convenience）。3. 紧急程度（urgency）。4. 申请的临时措施是否合理（reasonable），是否可以执行（enforceable）。围绕这四个要件，紧急仲裁员对申请人的四个诉求进行了细致的讨论。②

首先，经过审理，紧急仲裁员认定虽然最终裁定将由随后组成的仲裁庭作出，但根据现有证据不能认为申请人没有胜诉的合理可能性（即认定投资协议中约定的回购条件被触发），因此满足要件一（实体胜诉可能性）。其次，就要件二（“便利平衡”的分析），紧急仲裁员认为，如果不作出紧急措施，被申请人可能转移、处分其在香港的财产（包括在一家上市公司享有的股份、债权和担保物权）；如果裁定临时措施，暂时性地限制其转移财产，并不会降低财产价值，只会对权利行使带来短暂限制，而被申请人一旦转移、处分财产，则会严重侵害申请人合法权利。因此，紧急仲裁员认为，作出临时措施对申请人所带来的便利远大于对被申请人带来的负担。再次，就要件三（紧急程度），紧急仲裁员认为，紧急仲裁裁定很可能在香港申请执行，而申请人申请的公开所有相关信息的诉求（诉求一）并不紧急，也不属于《香港仲裁条例》所允许的法律救济，故予以驳回。③

① 同上注。

② 同上注。

③ 同上注。

针对禁止转移财产的诉求（诉求二），紧急仲裁员予以支持，但在作出的裁定中仅准许针对申请书中明确指出的具体财产进行限制，驳回了就被申请人所有财产申请限制的诉求，认为如果限制其所有财产转移，则会对被申请人造成不成比例的负担，因此可能不会被香港法院所执行。①

至于诉讼禁令（诉求三），紧急仲裁员认为，被申请人提起诉讼，属于法律规定的一项重要的程序性权利，不应被紧急仲裁程序限制。此外，被申请人是否可以通过诉讼程序阻碍紧急仲裁决定的执行，应当由执行地法院认定。最后，如果被申请人拒绝执行紧急仲裁决定，还可以由仲裁庭作出法律救济，因此紧急仲裁员对此的决定并非十分必要。基于这些理由，紧急仲裁员驳回了申请诉讼禁令的请求。②

针对诉求四，紧急仲裁员认为，有必要禁止被申请人指示他人代为进行紧急仲裁裁定所禁止的所有行为，否则被申请人将可以轻易地规避紧急仲裁裁定，从而破坏仲裁程序的正当性，或不当侵害将来胜诉的“果实”，故对此予以支持。③

总之，紧急仲裁裁定最终支持了限制转移和处分指定财产的部分请求，并禁止了被申请人指示他人代为进行紧急仲裁裁定禁止的所有行为。值得一提的是，本案中，申请人提供了请求保全财产总价值约 30% 的担保，也促使紧急仲裁员作出了该决定。④

在之后进行的申请执行的司法程序中，香港高等法院依据《香港仲裁条例》第 22B 条规定，承认并执行了该决定。《香港仲裁条例》该条款规定：“紧急仲裁员根据有关仲裁规则（作出）的任何紧急救济（包括临时措施），不论是在香港或香港以外地方（作出）的，均可犹如具有同等效力的原诉法庭命令或指示般，以同样方式强制执行。”⑤

该案可以看出，虽然中国法下内地法院难以执行仲裁庭或紧急仲裁员作出的临时救济，如果仲裁程序需要在香港申请承认和执行，则可以由内地仲

① 同上注。

② 同上注。

③ 同上注。

④ 同上注。

⑤ 同上注。参见《香港仲裁条例》第 22B 条。

裁员先作出临时措施，再申请香港法院对此予以承认和执行。值得注意的是，如果争议更大的紧急仲裁程序作出的临时措施都能执行，那么完全有理由相信香港法院会执行内地仲裁程序中仲裁庭作出的临时措施。

（二）内地仲裁程序申请香港法院作出临时措施：Chen Hongqing 诉 Mi Jingtian 等案

上文讨论了内地仲裁程序作出的仲裁临时措施在香港法院申请执行的法律问题。除了申请执行仲裁临时措施外，在内地仲裁程序中，当事人还可以直接向香港法院申请法院裁定的临时措施（court-ordered interim measures）。对此，《香港仲裁条例》第 45 条规定："原讼法庭可应任何一方的申请，就已在或将会在香港或香港以外地方展开的仲裁程序，批给临时措施。"① 这意味着，即使仲裁程序的仲裁地是我国内地，当事人依然可以向香港法院申请临时措施；不仅可以在仲裁程序中提出申请，还可以在仲裁程序开始之前提出申请。此外，依据《香港仲裁条例》的规定，不论仲裁庭是否对该争议行使类似权力，香港法院均可基于便利、协助仲裁程序的原则，行使司法权力以作出临时措施，犹如该临时措施是在香港进行的仲裁程序一样。② 因此，即使我国内地的仲裁程序中仲裁庭或紧急仲裁员可能无权作出超出我国《民事诉讼法》相关规定的临时措施，香港法院同样可以作出此类措施。申请香港法院作出临时措施，当事人无须在香港法院就相同标的另行提起诉讼程序。③

在 2017 年的 Cheng Hongqing 诉 Mi Jingtian 等案中，针对贸仲委管理的内地仲裁程序，基于当事人的申请，香港法院依据"香港仲裁条例"，裁定作出临时救济，以协助内地仲裁程序。就当事人直接向香港法院申请的临时措施（包括禁令），香港法院支持了大部分请求。本案涉及双方对一家香港上市公司股份的控制权之争。双方签订的质押协议约定适用中国内地的法律，约

① 《香港仲裁条例》第 45 条第 2 款。值得注意的是，《安排》第 6 条亦规定："内地仲裁机构管理的仲裁程序的当事人，在仲裁裁决作出前，可以依据香港特别行政区《仲裁条例》《高等法院条例》，向香港特别行政区高等法院申请保全。"但是，《香港仲裁条例》的规定早于《安排》的规定，而且《安排》第 6 条在法律性质上仅仅是一种确认性（declaratory）的"转介"条款，在此方面，不仅并未创设新的法律权利，也没有变更原有的法律权利。

② 《香港仲裁条例》第 45 条第 3 款、第 7（b）款、第 8 款。

③ 《香港仲裁条例》第 45 条第 6 款。

定在贸仲委仲裁。依据当事人约定，被告承诺会对原告的一笔贷款提供担保，担保物是被告对中国内地一家上市公司享有的股份。原告认为被告未经其同意，擅自转移作为担保物的股份，违反了质押协议。为了防止被告转移股份，原告向香港法院申请临时措施，就被告享有的股份请求法院设立香港法项下的托管人（receivership），代为行使投票权和其他股东权利。[①]

法院经审理认为，依据仲裁协议，贸仲委对本案享有主要的管辖权（primary jurisdiction），但香港法院为协助该仲裁程序作出临时措施，并不会构成对仲裁程序或当事人仲裁协议的干涉。依据《香港仲裁条例》第45条，就香港境外的仲裁程序，香港法院可以在适当情形下作出临时措施，以协助该仲裁程序，不论仲裁庭是否可以行使同等或类似的权力。即香港法院享有辅助性的管辖权（ancillary jurisdiction），可以作出临时措施，以协助香港境外的仲裁程序进行。此外，法院在判决中指出，仲裁地的当地法院是否有权力作出同样的临时措施，并不是香港法院是否作出临时救济的一个考虑因素。也就是说，即使依据中国内地的法律，申请人提出的设立托管人以“代为行使投票权和其他股东权利”的诉求并没有法律依据，香港法院也可能出于协助仲裁的考虑，作出该临时救济。[②]

另外，法院在判决中指出，决定作出临时措施的法律要件包括以下因素：1. 本案存在实体上值得审理的法律争议（a serious question to be tried）；2. 如果不作出临时措施，原告的权利会遭受“不可弥补、不可逆”的损害，因此法院有必要维持现状，防止一方当事人以不当行为破坏正当程序，或导致将来判决难以执行；3. 平衡作出临时措施对双方造成的权利负担（balance of convenience）；4. 根据本案事实，是否存在对被告权利影响更小的其他的法律救济（less intrusive alternatives）。[③]

综合考虑所有因素后，法院认为应当支持原告的诉求，设立香港法项下的托管人，代为行使投票权和其他股东权利，以防止被告不当行为（如转移股份的行为）造成将来判决难以执行，从而维护仲裁的正当程序不受损害。

① Chen Hongqing v. Mi Jingtian, unreported HCMP 962/2017,（C.F.I. June 27, 2017）（Legal Reference System）（H.K.）.

② 同上注。

③ 同上注。

该案表明在当事人约定适用中国法（我国内地相关法律）的仲裁案件中，内地仲裁程序可以申请香港法院直接作出临时救济，包括普通法下的各种救济，不论内地仲裁庭和法院是否有权作出同等或类似的法律救济。这体现了香港法院支持仲裁的司法态度，有利于维护境外仲裁程序中当事人的合法权益，实现跨境争议解决的司法正义。但是同时应该看到，这种模式的限制在于：仅对仲裁地为内地但涉及在香港执行的案件具有实际意义。即其适用范围限于：将来可能在香港申请承认和执行仲裁裁决的案件，如被告是住所地在香港的自然人或在香港成立的公司，或争议的标的物位于香港境内。[①]

总之，该案表明：即使是香港境外进行的仲裁程序，香港法院也可以作出临时救济，以协助仲裁程序的进行。因此，如果仲裁争议的标的物在香港，或一方当事人的住所地或公司登记地在香港，或裁决将来会涉及在香港承认和执行的仲裁程序，当事人可以直接申请香港法院作出临时措施（包括香港法下禁令）。

（三）香港法院对内地仲裁程序提供临时措施的司法协助之评述

综上，仲裁地在内地的仲裁程序中，当事人有三种方式申请香港法院提供司法协助。一是申请香港法院执行内地仲裁程序中仲裁庭作出的临时救济措施。二是申请香港法院执行内地仲裁程序中紧急仲裁员作出的临时救济措施。对于这两种方式，通过境外法院的承认和执行，可以突破内地法院不执行仲裁临时措施的困局，让仲裁临时措施为跨境商事争议解决发挥保驾护航的重要功能。三是直接申请香港法院为内地仲裁程序作出临时救济。值得注意的是，相比于仲裁员作出的临时措施，直接向法院申请临时措施具有两个独特优点。一是法院裁定的临时措施可以直接对仲裁协议之外的第三人产生约束力。例如，香港法院可以通过临时措施，裁定限制银行、香港联交所为某些特定的商事交易提供必要的服务，以阻止交易的正常进行；若后者不遵守法院的裁定，可能会构成藐视法庭罪（contempt of court）。二是向法院申请临时措施，当事人可以进行单方面的申请（ex parte application），无须对方当事人参加该程序，因此在程序上可能更便捷。而国际仲裁程序中，仲裁员通常会基于保障当事人合理陈述的权利的考虑，要求双方当事人共同参加就仲裁临时措施展开的审理程序（inter parte application）；此外，对于仲裁员依据一

① 同上注。

方当事人单方面的申请作出的临时措施，部分司法辖区的法院可能不会予以承认和执行。[①]

理论上，这三种跨境司法协助的法律救济模式并不局限于香港，还可能适用于其他境外司法辖区，包括其他主要国际仲裁枢纽和其他适用《示范法》第 17 条的法域。但是，这种跨境司法协助的模式须满足两个重要的先决条件。一是内地仲裁程序须涉及在境外某个特定的司法辖区申请执行。二是该司法辖区须承认内地仲裁程序中仲裁庭（或紧急仲裁员）作出临时措施的可执行性（enforceability），或当地法院会为境外仲裁程序作出临时措施。

如果满足以上两个条件，这三种关于临时措施的替代性司法协助模式可以为跨境仲裁案件中的当事人提供有效的法律救济，弥补我国法律体系下不承认仲裁临时措施可执行性的限制，维护国际仲裁程序的正当性和胜利“果实”免受不当侵犯。此外，对于内地仲裁机构而言，香港法院为内地仲裁提供关于临时措施的司法协助的司法实践，有利于促进仲裁机构加大对仲裁临时措施的创新性尝试，例如修订仲裁规则、规定仲裁临时措施（包括紧急仲裁程序），从而促进与国际仲裁的规则和实践日益接轨。例如，2019 年北仲委仲裁规则第八章规定的“国际商事仲裁的特别规定”，已经就具有国际因素的国际商事仲裁案件和涉及港澳台案件，规定了与国际仲裁实践一致的仲裁临时措施和紧急仲裁制度。通过这些典型的涉内地案件（包括 GKML 案和 Cheng Hongqing 诉 Mi Jingtian 等案），香港法院已经明确了香港法项下内地仲裁程序作出临时措施的可执行性问题，以及香港法院为内地仲裁作出临时措施的可行性问题。因此，随着此类跨境司法协助实践的深化和推广，其他的内地仲裁机构也可能会效仿北仲委，针对具有国际因素的仲裁程序，修订仲裁规则，赋予仲裁员作出临时措施的权力，从而实现我国内地仲裁机构仲裁规则和实践的创新与发展。

再次，内地仲裁程序中，对需要申请境外执行的当事人而言，这些关于临时措施的司法协助可以提供一种替代性的跨境法律救济，让其有机会获得

---

① Press Release，Teresa Cheng，Sec’y，H.K. Dep’t of Just.，Interim Measures in Arbitration：Surprise Attack or Offensive Defence?（Mar. 31，2019），https://www.doj.gov.hk/en/community_engagement/speeches/20190331_sj1.html［https://perma.cc/7RQG-HUZ2］.

更宽泛的法律救济（包括普通法下的禁令和《示范法》第17条规定的临时措施等），使仲裁临时措施为跨境争议解决发挥保驾护航的重要作用，从而为我国内地的仲裁案件提供一种额外的程序正义保障。最后，香港作为与我国内地跨境商事交易、贸易投资关系密不可分的一个境外司法辖区，基于其鼓励、支持仲裁的仲裁条例、司法政策和普通法传统，无疑可以就临时措施为我国内地的跨境仲裁案件提供有效的法律救济，从而深化和拓宽两地跨境司法协助的深度和广度，开创“一国两制”下跨境司法实践的“新常态”。

四、境外仲裁程序向我国内地法院申请保全措施

上文讨论了我国内地仲裁程序就临时措施申请境外司法协助的情形。反过来，境外仲裁程序作出的仲裁临时措施可否在我国得到承认和执行？境外仲裁的当事人可否申请我国法院裁定保全措施？本部分主要讨论这两个法律问题，既分析了我国法律规定项下的传统规则，也讨论了2019年生效的《安排》对此的突破与创新。

（一）跨境司法协助法律依据的长期阙如

首先，对于法院裁定的保全措施，我国法律规定长期以来的传统规则是：仅适用于内地仲裁机构管理的仲裁程序，原则上不对境外仲裁程序作出。[①]具体而言，虽然我国《民事诉讼法》《仲裁法》规定仲裁程序的当事人可以申请法院作出保全措施，但这些法律所规定的“仲裁委员会”，原则上应为在我国境内依据我国法律设立的仲裁机构，[②]因此不包括境外设立的仲裁机构，也不包括境外临时仲裁（ad hoc arbitration）。理论上，对“仲裁委员会”可以作扩张解释，认为其可以涵盖境外的仲裁机构，但基于大陆法系的传统和“法无授权即禁止”的公法原则，在没有明确法律规定或司法解释授权的情况下，我国法院通常不会行使自由裁量权对境外的仲裁程序作出保全措施。[③]例如，

① 高文杰：《中国仲裁保全和临时措施制度的立法缺位和建议》，载《北京仲裁》第100辑，第24–25页。

② 《仲裁法》第10–14条、第16条。

③ 高文杰：《中国仲裁保全和临时措施制度的立法缺位和建议》，载《北京仲裁》第100辑，第21–22页、第24–25页。Tietie Zhang, *Enforceability of Ad Hoc Arbitration Agreements in China*, 46 Cornell Int'l L.J. 361, 374（2013）.

在 DONGWON F & B v. Shanghai Lehan Commercial Co., Ltd 案中，当事人约定将合同项下的争议提交韩国商事仲裁院（Korean Commercial Arbitration Board）；随后，一方当事人向我国法院申请裁定保全措施。上海市第一中级人民法院驳回了该申请，认为：因为当事人已就该争议向境外仲裁机构提起仲裁，故我国法院没有法律依据作出保全措施。[①]

值得注意的是，上述的传统规则存在一种例外情形。依据《最高人民法院关于适用〈中华人民共和国海事诉讼特别程序法〉若干问题的解释》，“外国法院已受理相关海事案件或者有关纠纷已经提交仲裁，但涉案财产在中华人民共和国领域内，当事人向财产所在地的海事法院提出海事请求保全申请的，海事法院应当受理”。[②] 但是，这一条款仅适用于该规定所涵盖的相关海事案件或纠纷，且保全的财产限于船舶、船舶所载货物及其燃料、给养等。[③] 除此以外，原则上不存在境外仲裁程序向我国法院申请保全措施的法律依据。

其次，长期以来，仲裁地在境外的仲裁程序，仲裁庭（包括紧急仲裁员）作出临时措施的，我国内地法院原则上不会予以承认与执行。如前所述，《民事诉讼法》《仲裁法》没有规定仲裁庭和紧急仲裁员作出临时措施的可执行性，而执行仲裁临时措施本质上涉及公权力的行使。基于“法无授权即禁止”的公法原则，对于仲裁地在境外的仲裁程序，我国法院通常不会行使“自由裁量权”，承认和执行仲裁员作出的临时措施；至今尚未有此方面已知的成功案件。[④]

值得注意的是，作为《纽约公约》的缔约国，我国负有承认和执行《纽

---

① 2014 年沪一中受字 2 号。

② 《最高人民法院关于适用〈中华人民共和国海事诉讼特别程序法〉若干问题的解释》（法释〔2003〕3 号），第 21 条第 2 款。

③ Wei Sun, *Arrangement Concerning Mutual Assistance in Court-Ordered Interim Measures: Interpretations from a Mainland China Perspective—Part I*, Wolters Kluwer: Kluwer Arb. Blog (July 24, 2019), http://arbitrationblog.kluwerarbitration.com/2019/07/24/arrangement-concerning-mutual-assistance-in-court-ordered-interim-measures-interpretations-from-a-mainland-china-perspective-part-i/ [https://perma.cc/6H2T-MVF6].

④ 高文杰：《中国仲裁保全和临时措施制度的立法缺位和建议》，载《北京仲裁》第 100 辑，第 24–25 页。

约公约》项下的“仲裁裁决”（arbitral award）的法律义务。因此，理论上，境外仲裁程序的当事人可能会依据《纽约公约》申请承认和执行仲裁庭（或紧急仲裁员）作出的临时措施，理由是仲裁临时措施可以被视为《纽约公约》项下的外国“仲裁裁决”。这种观点不仅被一些国际仲裁的律师、仲裁员和学者所主张，[①]还得到部分美国法院的支持。[②]但是，该观点并不被大多数司法辖区的法院所接受，并不属于国际上的主流意见，也与通常的各国司法实践相左。[③]例如，在 Resort Condominiums International Inc. v. Bolwell & Anor 案中，针对以美国为仲裁地的仲裁程序中仲裁员作出的临时措施，一方当事人依据《纽约公约》，申请澳大利亚法院予以执行，理由是由仲裁员作出关于临时措施的决定可被视为《纽约公约》项下的外国“仲裁裁决”。[④]该案中，昆士兰州最高法院驳回了这一请求，认为《纽约公约》项下的“仲裁裁决”应当对争议标的的实体性权利和义务作出最终性决定，其“最终性”（finality）的法律效力体现为——该决定不能被仲裁员在之后的仲裁程序中撤销、修改或中止；而该案的仲裁临时措施不仅只涉及程序性事项（故未就实体性权利作出决定），还可能被仲裁员在随后的程序中撤销、修改或终止（因此不具有“最终性”的法律效力），故不属于《纽约公约》项下的“仲裁裁决”。[⑤]

虽然该案对我国法院没有法律上的约束力，但其说理性的论证逻辑和法律推理却很可能被我国内地法院所借鉴。我国《民事诉讼法》和《仲裁法》所规定的仲裁“裁决”，原则上应对争议的法律问题产生“一事不再理”的法律效果，即具有“一裁终局性”的法律效力：一经作出，除法定事由外，当事人

---

① *See e.g.*, Tijana Kojović *Court Enforcement of Arbitral Decisions on Provisional Relief*: *How Final is Provisional?*, 18（5）J. Int'l Arb. 511，523–24（2001）; Gary Born，International Commercial Arbitration 2514–15; V.V. Veeder，*Provisional and Conservatory Measures*，*in* Enforcing Arbitration Awards under the New York Convention：Experience and Prospects 21，22（1999）.

② See e.g.，Publicis Commc'n v. True N. Commc'n Inc.，206 F. 3d 725，729（7th Cir. 2000）; Island Creek Coal Sales Co. v. City of Gainesville，Fla.，729 F. 2d 1046，1049（6th Cir. 1984）.

③ Mika Savola，*Interim Measures and Emergency Arbitrator Proceedings*，23 Croat. Arbit. Y.B. 73，85（2016）.

④ Resort Condo. Int'l Inc. v. Bolwell（1993）X Y.B. Comm. Arb. 628（Austl.）.

⑤ Resort Condo. Int'l Inc. v. Bolwell（1993）X Y.B. Comm. Arb. 628（Austl.）.

不得就同一法律关系再另行提起仲裁或诉讼。[①] 而仲裁临时措施显然不具有这种法律效力。此外，在法律性质上，仲裁临时措施原则上属于程序性的法律救济，通常并不涉及对实体性法律问题的决定（如对当事人实体性权利义务关系的认定等）。可见，虽然我国法律没有对仲裁“裁决”作出明确定义，但我国法律规定显然并未将关于仲裁临时措施的决定视为仲裁“裁决”，故难以通过《纽约公约》申请内地法院承认和执行此类境外仲裁临时措施。

综上，因为并无法律的明确规定，对于境外的仲裁程序，我国内地法院通常不会作出保全措施，也不会承认和执行仲裁临时措施。在此方面，我国的做法与国际上支持仲裁的司法辖区的通常实践相左，这可能让仲裁地在境外的当事人面临仲裁程序的胜利果实和程序正当性被对方当事人不当破坏的法律风险，阻碍跨境司法正义的实现。此外，长期以来，只有内地仲裁程序的当事人方可向我国内地法院申请保全措施，这固然构成了内地仲裁机构的“独特优势”和内地仲裁程序的“护城河”，却间接地让境外仲裁机构处于不能申请内地法院保全措施的“劣势”，与开放仲裁市场、实现仲裁领域国际化的宗旨相违背。[②]

（二）新规则的突破

虽然长期以来，我国的传统规则是境外仲裁程序的当事人不能向内地法院申请裁定保全措施，但是这一现状被 2019 年最高人民法院发布的《安排》所突破。根据该《安排》，仲裁地在香港，且属于指定的仲裁机构管理的仲裁程序，当事人可以依据《民事诉讼法》、《仲裁法》以及相关司法解释的规定，向内地法院申请保全措施，包括财产保全、证据保全和行为保全；既可以在仲裁程序中申请，也可以在仲裁程序开始前申请。[③] 对此类香港仲裁，内地法院裁定保全措施须满足的法律要件与内地仲裁程序申请的要件一致。[④] 此外，就《安排》生效前已经开始、尚未结束的香港仲裁程序，当事人也可依据《安排》

---

① 《仲裁法》第 9 条。《民事诉讼法》第 237 条、第 275 条。

② Hong Shi & Yanhua Lin, *Comparison of Interim Measures in Arbitration with Preservation in Mainland Courts*, PKULaw（June 2, 2020）, https://pkulaw.cn/fulltext_form.aspx?Db=eqikan&Gid=54cdbf39e2f686a8e78068e8885662c8b [https://perma.cc/7UCZ-VNTZ] .

③ 《安排》第 3 条。

④ 参见《民事诉讼法》第 81 条、第 101 条。参见《仲裁法》第 28 条、第 46 条。

申请内地法院作出保全措施。[①]

值得注意的是，并非所有的香港仲裁程序均可依据《安排》向我国内地法院申请保全措施，该《安排》的适用须满足两个先决条件。首先，仲裁程序须以香港为仲裁地。这包括两种情形，一是争议的当事方在仲裁协议（或条款）中约定仲裁地为香港；二是当事方对此未明确约定，但仲裁庭依据适用的仲裁规则或其他标准认定香港为仲裁地，并将其记录于仲裁裁决。[②]其次，该仲裁程序须由在香港设立的仲裁机构或常设办事处管理，后者的名单由香港特区政府向最高人民法院提供，经双方确认，现包括：香港国际仲裁中心、中国国际经济贸易仲裁委员会香港仲裁中心、国际商会国际仲裁院亚洲事务办公室、香港海事仲裁协会、华南（香港）国际仲裁院及一邦国际网上仲调中心。[③]可见，该《安排》并不适用于仲裁地在香港的临时仲裁。

目前，该《安排》施行已逾一年，成果斐然。根据截至2021年2月9日香港国际仲裁中心的统计，香港国际仲裁中心共处理了37起依据《安排》作出的保全措施申请（包括34起申请财产保全，2起证据保全，1起行为保全）。所有的申请均为机构仲裁，均在仲裁程序开始后提出（尚未有仲裁前提起的保全申请），且均为申请方单方面的申请（ex parte application）。就申请方来看，在所有的申请中，约73%由境外当事人作出，包括来自英属维京群岛、开曼群岛、中国香港、萨摩亚群岛、新加坡、瑞士和中国台湾的当事人；剩余27%由来自我国内地的当事人作出。就保全的对象来看，在所有的申请中，约60%涉及我国内地籍贯的当事人所拥有或掌握的资产或证据；约24%涉及非内地籍属的当事人在内地拥有的资产，包括来自英属维京群岛、开曼群岛、法国、中国香港和荷兰的当事人；约16%涉及我国内地籍贯的当事人和非内地籍属的当事人所共有的资产，包括来自英属维京群岛、开曼群岛、中国香

① 《最高人民法院发布内地与香港特别行政区法院就仲裁程序相互协助保全的安排》，载《人民法院报》2019年9月26日，http://rmfyb.chinacourt.org/paper/html/2019-09/26/content_160432.htm?div=-1 [https://perma.cc/MGL2-JQ3B]。

② 《最高人民法院发布内地与香港特别行政区法院就仲裁程序相互协助保全的安排》，载《人民法院报》2019年9月26日，http://rmfyb.chinacourt.org/paper/html/2019-09/26/content_160432.htm?div=-1 [https://perma.cc/MGL2-JQ3B]。

③ 《安排》第2条。《符合〈安排〉第二条第一款的资格的机构及常设办事处的联络方式》（截至2021年9月13日），https://www.doj.gov.hk/sc/mainland_and_macao/pdf/list_of_institutions_sc.pdf。

港、荷兰和圣基茨和尼维斯的当事人。就金额来看，所有申请涉及的财产保全金额总共超过人民币 125 亿元（约 19 亿美元）；其中，内地法院至少作出了 22 起财产保全措施，共涉及人民币金额逾 100 亿元（约 16 亿美元），申请人均提供了相应的担保（包括保险公司出具的担保函）。[①]

（三）对《安排》的评述

《安排》的规定是“一国两制”下内地与香港就仲裁临时措施展开跨境司法协助的重要发展，突破了长期以来我国法院不会为境外仲裁作出保全措施的传统规则，赋予了香港特定仲裁程序的当事人向内地法院申请保全措施的权利，为跨境商事争议解决提供了重要的程序性保护。

首先，在宏观层面上，《安排》的规定会对香港仲裁产生三方面的重要影响。一是为以香港为仲裁地的特定机构管理的仲裁程序提供了与内地仲裁程序同样的便利，让香港成为目前唯一可申请内地法院保全措施的境外司法辖区，加深和拓宽“一国两制”下跨境司法协助的深度和广度。二是可以让香港成为更受欢迎的国际仲裁枢纽，让中国香港在和其他国际性和地方性仲裁枢纽（特别是新加坡）的全球性竞争中处于更有利的位置。三是让香港仲裁更好地为“一带一路”倡议下跨境争议解决保驾护航。香港作为高度国际化的亚太仲裁枢纽，不仅扮演着我国内地资金进入国际资本市场的“出海口”和国际金融中心的角色，还可以为涉及“一带一路”倡议的众多跨境商事、投融资、国际贸易纠纷提供优质的国际化争端解决服务。通过让我国内地法院就香港仲裁作出保全措施的司法协助机制，《安排》的规定可以让香港仲裁更好地服务于涉及我国内地的跨境争端解决，从而为“一带一路”项下的中国境外投资、贸易安全保驾护航。

其次，对于香港仲裁程序中的当事人而言，相比于向香港仲裁庭申请临时措施，依据《安排》向内地法院申请保全措施可能会提供更高效的司法救济。在程序上，为申请仲裁临时措施，香港仲裁程序往往需要双方参与（inter parte application），通常涉及审理双方提交的多重书面意见及证人证言，所需要的时间、法律和经济成本往往较高（即使是较为便捷的紧急仲裁员程序也

---

① Press Release，HKIAC，HKIAC Releases Statistics for 2020（Feb. 9，2021），https://www.hkiac.org/news/hkiac-releases-statistics-2020［https://perma.cc/98WA-248P］.

往往会产生较高的费用）。[1] 相比之下，向内地法院申请保全措施通常为单方面的申请程序（ex parte application），法院通常以书面审理的方式为主，因此在程序上往往更便捷、成本更低、更高效。值得注意的是，在《安排》下，当事人还可以直接向内地法院申请保全措施（无须先经过仲裁机构转交申请，由内地法院在受理后向相关仲裁机构或常设办事处核实情况）。[2] 此外，依据《民事诉讼法》，针对仲裁程序开始前进行的保全申请，法院应在受理申请的48小时内作出裁定，裁定作出保全措施的，应立即执行。[3] 虽然目前尚无在仲裁程序开始前直接申请保全措施的案例，但这种程序性的可行性无疑可以给当事人提供了一种额外的选项，有利于更充分地保护其合法权益不受侵犯。在实体上，如前所述，不同于国际仲裁程序中申请仲裁临时措施，《民事诉讼法》就作出保全措施所规定的法律要件并不包括“便利平衡”和“实体胜诉可能性”，故当事人往往更容易证成。[4]

最后，对离岸VIE结构（协议控制）投资纠纷，《安排》的规定可发挥重要的战略性作用。就基础的离岸VIE结构（协议控制）投资架构而言，通常涉及一家设立在开曼群岛或英属维京群岛的母公司，一家在中国香港设立的子公司，以及一家在我国内地设立的目标公司。虽然该类纠纷通常选择香港为仲裁地，但目标公司的业务和主要资产通常位于我国内地，且目标公司的实际控制人常为内地的自然人。[5] 在《安排》出台之前，香港的仲裁程序中，仲裁庭或紧急仲裁员作出的临时措施主要依赖于当事人主动履行；但依据《安排》的规定，一方当事人（如VIE结构的投资人）可以一边进行香港仲裁程

---

① Hong Shi & Yanhua Lin, *Comparison of Interim Measures in Arbitration with Preservation in Mainland Courts*, PKULaw (June 2, 2020), https://pkulaw.cn/fulltext_form.aspx?Db=eqikan&Gid=54cdbf39e2f686a8e78068e8885662c8b [https://perma.cc/7UCZ-VNTZ].

② 《最高人民法院发布内地与香港特别行政区法院就仲裁程序相互协助保全的安排》，载《人民法院报》2019年9月26日，http://rmfyb.chinacourt.org/paper/html/2019-09/26/content_160432.htm?div=-1 [https://perma.cc/MGL2-JQ3B]。

③ 《民事诉讼法》第101条第2款。

④ 参见本文第一部分。

⑤ Serena Y. Shi, Note, *Dragon's House of Cards: Perils of Investing in Variable Interest Entities Domiciled in the People's Republic of China and Listed in the United States*, 37 Fordham Int'l L.J. 1265, 1277 (2014); *see also* Li Guo, Chinese Style VIEs: *Continuing to Sneak Under Smog?*, 47 Cornell Int'l L.J. 569, 574 (2014).

序，一边向我国内地法院申请保全措施，从而有效地防止对方当事人转移资产、破坏仲裁程序的胜利果实及程序正当性，因此可以发挥重要的程序性保障作用。此外，基于内地法院保全措施的潜在威慑力，《安排》可以促使该类投资纠纷的当事方在仲裁程序中达成和解，避免冲突升级，促使跨境争议的有效解决。[①] 值得注意的是，除了VIE结构投资纠纷以外，在更一般的意义上，《安排》的这些规定带来的优点可能同样适用于仲裁地在香港但须在内地申请执行的跨境仲裁程序，有利于维护当事人在仲裁程序中的合法权益不受侵犯，提高仲裁程序解决国际商事纠纷的有效性，促使跨境司法正义的实现。

同时，《安排》也存在自身的局限性。首先，在适用条件上，《安排》不适用于在香港的临时仲裁，也不适用于东道国和外国投资者之间的投资仲裁程序（包括依据国际投资条约、东道国内国法律和国际投资合同产生的投资仲裁程序）。此外，《安排》仅适用于仲裁裁决作出之前的仲裁程序，这意味着它不能在仲裁程序结束后（包括申请法院强制执行裁决之前和申请执行期间）为胜诉方提供财产保全措施。而值得注意的是，该问题被随后出台的《最高人民法院关于内地与香港特别行政区相互执行仲裁裁决的补充安排》的规定所解决：后者允许我国内地法院在受理执行香港仲裁裁决之前或之后，依申请作出保全措施，[②] 从而防止败诉方转移财产或破坏仲裁的正当程序。

其次，《安排》的规定并未解决境外仲裁庭或紧急仲裁员作出临时措施的可执行性问题，并不能让香港仲裁程序中仲裁员作出的临时措施得到内地法院的承认和执行。此外，虽然《安排》为仲裁地为香港的特定仲裁程序提供了直接申请保全措施的“绿色通道”，但并未解决香港以外的境外仲裁程序难以向内地法院申请保全措施的问题。总之，虽然为部分香港仲裁开创了一个重要例外，但《安排》并未在根本上改变我国内地法院不会为境外仲裁程序作出临时措施或执行境外仲裁临时措施的现状。要彻底解决这一问题，还需要重新修订《仲裁法》的相关内容。

---

① Hong Shi & Yanhua Lin, *Comparison of Interim Measures in Arbitration with Preservation in Mainland Courts*, PKULaw（June 2, 2020）, https://pkulaw.cn/fulltext_form.aspx?Db=eqikan&Gid=54cdbf39e2f686a8e78068e8885662c8b [https://perma.cc/7UCZ-VNTZ].

② 《最高人民法院关于内地与香港特别行政区相互执行仲裁裁决的补充安排》（法释〔2020〕13号）。

综上，《安排》的出台彰显了我国司法机关支持仲裁的司法政策，突破了长期以来境外仲裁不能申请内地法院保全措施的传统规则，构成我国为跨境仲裁提供司法协助的重要发展。虽然存在一定的局限性，但《安排》的规定，为特定跨境商事争议解决的当事人创设了一项重要的程序性权利，为符合条件的香港仲裁机构管理的仲裁程序提供了重要的程序性保障，可以促使跨境司法协助成为“内地—香港”商事争议解决的新常态。

结论

围绕涉内地仲裁程序中的临时措施，本文主要讨论了三个问题。第一，中国法项下，依据仲裁规则，仲裁庭和紧急仲裁员有权作出其认为适当的临时措施。我国《民事诉讼法》和《仲裁法》没有规定仲裁员是否有权力裁定临时救济，主流观点认为：我国法律规定下，只有人民法院具有裁定保全措施的权力，而仲裁员无权作出临时救济。本文认为：我国内地仲裁机构可以通过修订仲裁规则的方式，直接赋予仲裁庭或紧急仲裁员作出临时措施的权力，以逐渐改变法院独占保全措施决策权的传统模式。

首先，虽然我国法律没有直接规定仲裁临时措施，但这一“法律空白”可以被仲裁机构制定的仲裁规则所填补：在中国法没有禁止的前提下，仲裁机构可以通过修订仲裁规则，授权仲裁庭或紧急仲裁员作出临时措施。当事人通过仲裁协议（或仲裁条款）选定适用该仲裁规则进行仲裁的意思表示，已经包含了对仲裁员作出临时措施的默示同意和间接授权（除非当事人对仲裁临时措施另有约定）。这是对仲裁程序中当事人意思自治原则的尊重和贯彻，也体现了私法领域“法无禁止即许可”的法律原则。因此，仲裁临时措施原则上对当事人应当具有拘束力。

其次，在没有上位法或司法解释对此明确授权的前提下，我国内地法院通常不会执行此类仲裁临时措施。原因在于：法院执行仲裁庭或紧急仲裁员作出的临时措施属于国家公权力对替代性争端解决的介入，在本质上涉及公权力的行使。我国是大陆法系国家，在没有法律法规明确授权时，法院通常会认为自身没有权力执行此类仲裁临时措施，这体现了“法无授权即禁止”的公法原则。

因此，中国法项下，如果内地仲裁机构制定的仲裁规则规定了仲裁庭（或紧急仲裁员）有权作出临时措施，这种法律救济对仲裁协议（或条款）的当事人应当具有约束力（除非当事人对此另有约定）。但是，因为难以通过内地法院予以强制执行，这种仲裁临时措施的有效性受到限制，主要依赖于对方当事人的主动履行。一方面，在国际仲裁的实践中，当事人主动履行仲裁庭（或紧急仲裁员）作出的临时措施的情况较为常见。原则上，仲裁员可以行使其在仲裁程序中享有的自由裁量权，对无正当理由拒绝履行仲裁临时措施的当事人，予以一定程度的"软性制裁"。为避免此类潜在的不利情况，对方当事人可能会主动履行临时措施，从而在一定程度上保证仲裁临时措施的有效性。另一方面，在中国法项下，仲裁临时措施目前尚不具有申请法院强制执行的法律效力。

第二，中国内地为仲裁地的仲裁程序中，仲裁庭或紧急仲裁员裁定的临时措施有可能得到境外司法辖区法院的承认和执行。对此方面，本文主要讨论了香港法院承认和执行内地仲裁程序作出的临时措施的问题。依据《香港仲裁条例》，香港法院可以执行香港境外的仲裁庭或紧急仲裁员作出的临时措施，以协助该仲裁程序。在 GKML 案中，香港高等法院执行了内地紧急仲裁程序作出的临时措施。该案显示：虽然中国法项下内地法院难以执行仲裁员作出的临时救济，但如果仲裁程序需在香港申请执行，则可以由内地仲裁庭或紧急仲裁员先作出临时措施，再由当事人申请香港法院予以执行。

此外，在 Cheng Hongqing 诉 Mi Jingtian 等案中，就内地仲裁程序，香港法院依据《香港仲裁条例》裁定作出临时救济。该案表明：即使是香港境外进行的仲裁程序，无论当事人是否在香港法院就实体法律问题另行提起诉讼程序，香港法院都有可能基于便利仲裁的原则，行使辅助性的管辖权，作出临时救济，即使内地仲裁庭或内地法院依据中国法无权作出相同或类似的临时措施。这意味着，如果仲裁裁决将来会涉及在香港承认和执行（如争议的标的物在香港，或一方当事人住所地或公司登记地在香港等情况），当事人可以直接申请香港法院作出临时救济（包括香港法下的禁令）。

综上，针对仲裁地在内地的仲裁程序，当事人可以依据《香港仲裁条例》向香港法院申请以下三种关于临时措施的司法协助：一是申请香港法院执行内地仲裁中仲裁庭作出的临时救济；二是申请香港法院执行内地仲裁中紧急仲裁员作出的临时救济；三是直接申请香港法院为内地仲裁程序作出临时救济。此外，虽然本文的讨论集中于香港的司法案例，但对于香港以外的其他司法法域，这三种关于临时措施的跨境法律救济模式可能同样适用，前提是满足以下两个要件：一是内地仲裁程序须申请在境外执行；二是当地法院愿意执行内地仲裁庭（或紧急仲裁员）作出的临时措施，或愿意为内地仲裁裁定临时措施。

第三，中国内地法院是否会为境外仲裁程序裁定保全措施或执行仲裁临时措施。该问题的讨论，主要分为两个方面。首先，中国法没有规定法院可以执行境外仲裁庭作出的临时措施，故境外仲裁庭（或紧急仲裁员）作出的临时措施原则上难以得到内地法院的承认和执行。此外，虽然我国是《纽约公约》的缔约国，但境外仲裁程序的当事人很难依据《纽约公约》，主张将仲裁临时措施视为公约项下的“仲裁裁决”予以执行。在法律性质上，仲裁临时措施属于程序性的法律救济，通常不涉及实体性法律问题（如当事人实体性权利义务关系）的决定；而且仲裁临时措施不具有产生“一事不再理”“一裁终局”的法律效果，故并不符合我国相关法律规定中对“仲裁裁决”的通常理解。

其次，长期以来，境外仲裁程序的当事人不能向内地法院申请保全措施。但这一现状，被2019年最高院和香港特区政府共同颁布的《安排》所突破。依据《安排》的规定，指定的香港仲裁机构管理的仲裁程序中，当事人可以依据我国相关法律法规，向内地法院申请保全措施。这一新规则赋予了满足条件的香港仲裁程序的当事人以重要的程序性保障，是我国对跨境商事争议解决司法协助的创新性发展。不仅有利于实现“内地—香港”跨境争议解决的司法正义，还可以深化和拓展“一国两制”背景下跨境司法协助实践的深度和广度，增加香港仲裁在国际仲裁地竞争中的“比较优势”，并在“一带一路”倡议的大背景下，为涉及内地的跨境商事争议解决发挥保驾护航的重要作用。

国际投资仲裁与中企赴美投资利益的保护

袁培皓 *

● 摘要

随着中国科技企业的研发实力和科技水平不断提升，越来越多的中国高科技企业在国际市场上取得不俗的成绩。美国是中国科技企业非常重要的海外市场，通过在美国的投资，中国企业不但可以获得更多的海外市场份额，优化自己的国际供应链，降低融资成本，提升企业的管理能力，还可以扩充吸纳更多来源广泛的人才。

但是，自中美贸易战以来，越来越多的在美中企开始受到来自市场竞争以外的行政压力，美国政府多次以“国家安全”为由对中国企业进行包括“实体清单”和行政禁令在内的贸易与投资制裁措施。在此大环境下，中国企业在美投资遭遇行政和司法挑战的案例越来越多，我们已经看到不少中国企业选择了在美国境内利用美国国内法院和美国法律寻求救济，比如最近的抖音海外版 TikTok。而本文将尝试从“条约选购”和“国籍规划”的角度出发，分析中国赴美投资企业选择除美国国内法院以外的国际投资仲裁方式，进而达到救济损失的可行性。

中美之间至今尚未签署任何双边投资协议，这是中国投资者无

* 袁培皓，中伦律师事务所律师，香港中文大学国际投资与争端解决专业博士生。

法直接通过中美双边投资协议以国际投资仲裁的方式起诉美国的根本原因。但同时我们应当看到，不少中国企业都搭建了通过新加坡、加拿大、韩国或澳大利亚等地的离岸公司赴美投资的架构。这些架构实际上就是国际投资仲裁中的“国籍规划”，这就为中国企业根据自己的利益，通过“条约选择”对美进行投资仲裁提供了基础。具体地说，中国投资者在“国籍规划”的背景下，可以挑选新加坡、加拿大、韩国或澳大利亚这四个国家与美国之间的双边或多边投资贸易协定，用对己方最有利的条约对美国提起国际投资仲裁。

● **关键词**

双边投资协定　利益拒绝条款　国际投资仲裁　条约选购　国籍规划

Abstract: With the continuous improvement of research and development strength and technological level of Chinese science and technology enterprises, more and more Chinese high-tech enterprises have made remarkable achievements in the international market, among which America is a very important overseas market for Chinese science and technology enterprises. Through investment in the United States, Chinese enterprises can not only obtain more overseas market share, optimize their international supply chain, reduce financing costs, improve the management ability of enterprises, but also attract more talents.

However, since the trade war between the United States and China, more and more Chinese enterprises in the United States have been under administrative pressure other than free market competition. The U.S. government has repeatedly imposed trade and investment sanctions on Chinese enterprises, including "entity list" and executive order, on the grounds of "national security". There are increasing cases in which Chinese enterprises face the administrative and judicial challenges in the United States. Lots of Chinese companies have chosen seek relief in the

U.S. courts, such as the latest TikTok. From the perspective of "treaty shopping" and "nationality planning", this article will try to analyze the feasibility of Chinese enterprises to choose the international investment arbitration other than the domestic courts of the United States to seek relief.

China and the United States have not signed any bilateral investment agreements yet, which is the fundamental reason why Chinese investors can not directly sue the United States through the bilateral investment agreements in the form of international investment arbitration. However, we should also see that many Chinese enterprises have invested in the United States through offshore companies in Singapore, Canada, South Korea or Australia. These company structures are actually "nationality planning", which provides a basis for Chinese enterprises to conduct investment arbitration in the United States through "treaty selection" according to their own interests. Specifically, under the background of "nationality planning", Chinese investors can choose the bilateral or multilateral investment and trade agreements between Singapore, Canada, South Korea or Australia and the United States, and apply for international investment arbitration against the United States with the most favorable treaty for their own side.

Key Words: bilateral investment treaty, benefits denial clause, international investment arbitration, treaty shopping, nationality planning

一、中国投资者在美投资现状与面临的法律挑战

据美国中国总商会发布的《在美国的中国企业2020年度业务调查报告》显示，截至2020年3月，中国会员公司在美经济中的投资超过1230亿美元。中企对美投资不但需要面对越发严峻的商业挑战，还将直面更加巨大的非商业不确定性。自2008年奥巴马政府重返亚太政策以来，因美国的行政措施而使利益受损的中国企业不在少数。面对美国的行政管制，中国企业大多选择了通过美国的国内法院进行司法救济。

2009年，美国联邦国际贸易委员会裁定通领科技集团有限公司（以下简称通领集团）侵犯专利权，并禁止通领集团等中国制造商生产的涉案产品通过美国海关进口。[①] 同年9月，通领集团就该裁定向美国联邦巡回法院上诉，要求撤销美国联邦国际贸易委员会的裁定并于2010年8月获胜诉判决。[②]

2012年，美国海外投资委员会以“威胁国家安全”为由，阻止三一重工股份有限公司的关联公司罗尔斯公司（Ralls Corporation）收购4座风力发电厂。[③] 随后，罗尔斯公司在哥伦比亚特区联邦地方分区法院以美国海外投资委员会的行为违法且未经授权为由起诉美国政府，2014年7月哥伦比亚特区巡回上诉法院判决罗尔斯公司胜诉，与美国政府达成和解。[④]

2019年，华为技术有限公司（以下简称华为）向美国得克萨斯州联邦法院起诉美国政府，请求法院判定美国《2019财年国防授权法案》第889条违反美国宪法，要求撤销相关限制措施，后美国法院驳回该起诉。[⑤]2019年12月，华为起诉美国联邦通信委员会，主张美国联邦通信委员会的一项禁令违反了正当程序原则，该禁令认定华为威胁美国国家安全，并禁止美国农村地区运营商使用通用服务购买华为设备，但该请求已于2020年2月18日被美国联邦法院判决驳回。[⑥]

---

① 参见张君：《“以夷制夷”中国知识产权海外维权完胜第一案——记浙江通领科技集团海外维权路》，载《中国经贸》2011年5月刊。

② 参见张君：《“以夷制夷”中国知识产权海外维权完胜第一案——记浙江通领科技集团海外维权路》，载《中国经贸》2011年5月刊。

③ Squire Patton Boggs, Ralls v. CFIUS, Lexoloy, USA July 17 2014, https://www.lexology.com/library/detail.aspx?g=ca0c8608-7fb1-4c0a-b379-715a1ce41a0f.

④ Squire Patton Boggs, Ralls v. CFIUS, Lexoloy, USA July 17 2014, https://www.lexology.com/library/detail.aspx?g=ca0c8608-7fb1-4c0a-b379-715a1ce41a0f.

⑤ 参见李国敏：《新时代中国企业海外拓展的战略风险——基于典型案例的系统分析》，中央党校（国家行政学院）博士学位论文，2019年11月；《美法院判决国会有权禁止联邦机构从华为购买产品 华为考虑进一步采取法律行动》，21世纪经济报道，2020年2月19日，http://static.nfapp.southcn.com/content/202002/19/c3143829.html。

⑥ 参见李国敏：《新时代中国企业海外拓展的战略风险——基于典型案例的系统分析》，中央党校（国家行政学院）博士学位论文，2019年11月；《美法院判决国会有权禁止联邦机构从华为购买产品 华为考虑进一步采取法律行动》，21世纪经济报道，2020年2月19日，http://static.nfapp.southcn.com/content/202002/19/c3143829.html。

2020 年 8 月 6 日，美国总统特朗普发布行政禁令，声明自发布禁令起 45 日后禁止任何受美国管辖的人员或企业与北京字节跳动科技有限公司（以下简称字节跳动）或字节跳动的关联公司进行交易。[①]8 月 24 日，字节跳动的美国子公司 TikTok Inc. 于美国加利福尼亚中区联邦地区法院起诉美国政府。[②]

2020 年 8 月 6 日，美国总统特朗普发布行政禁令，声明在此命令发布 45 天后，禁止任何个人或受美国司法管辖的任何财产与腾讯控股有限公司进行与微信有关的任何交易。[③]

除早期有中国企业获得胜诉判决外，近几年中国企业通过美国法院寻求美国的国内司法救济举步维艰，鲜有胜诉案例。另外，作为保护私人投资者海外利益的国际投资仲裁工具，中国企业还不熟悉，至少从国际投资争端解决中心（The International Center for Settlement of Investment Disputes，ICSID）的官网数据来看，截至 2020 年 8 月，中国企业通过 ICSID 起诉他国政府的案例一共也才只有 7 件。[④]

但总体而言，近年来投资者起诉东道国政府的仲裁案件呈现爆炸式增长，国际投资仲裁正逐渐成为投资者的重要维权方式。据联合国贸易与发展会议（UNCTAD）统计，1966–2000 年累计只有 51 件投资仲裁案件，到了 2019 年，一个年度的投资仲裁案件就有 55 件，而截至 2020 年 1 月 1 日投资仲裁案件总数已经达到 1023 件，涉及 120 个国家，涉及中国当事人的案件达到了

① 参见：《从 TikTok 起诉美国政府看字节跳动的斗争策略》，新浪财经，2020 年 11 月 2 日，https://baijiahao.baidu.com/s?id=1682220367301683265&wfr=spider&for=pc。

② 参见：《从 TikTok 起诉美国政府看字节跳动的斗争策略》，新浪财经，2020 年 11 月 2 日，https://baijiahao.baidu.com/s?id=1682220367301683265&wfr=spider&for=pc。

③ 参见：《十多家美股巨头慌了！联手抵制特朗普：封杀微信业务或受重创》，雪球，2020 年 8 月 14 日，https://xueqiu.com/9446019633/156668595。

④ 7 个案例分别为：Fengzhen Min v. Republic of Korea，ICSID Case No. ARB/20/26；Sanum Investments Limited v. Lao People's Democratic Republic，ICSID Case No. ADHOC/17/1；Standard Chartered Bank（Hong Kong）Limited v. United Republic of Tanzania，ICSID Case No. ARB/15/41；Beijing Urban Construction Group Co. Ltd. v. Republic of Yemen，ICSID Case No. ARB/14/30；Ping An Life Insurance Company of China，Limited and Ping An Insurance（Group）Company of China，Limited v. Kingdom of Belgium，ICSID Case No. ARB/12/29；Standard Chartered Bank（Hong Kong）Limited v. Tanzania Electric Supply Company Limited，ICSID Case No. ARB/10/20；Tza Yap Shum v. Republic of Peru，ICSID Case No. ARB/07/6。

9件。[①]

由于中国与美国之间不存在直接的双边投资协定，中国企业往往很少通过国际投资仲裁维护自身对美投资利益，国际投资仲裁成为被赴美中国企业忽略的救济途径。然而，中国政府和国内各大仲裁机构如北京仲裁委员会/北京国际仲裁中心、上海国际经济贸易仲裁委员会（上海国际仲裁中心）、深圳国际仲裁院和中国国际经济贸易仲裁委员会等其实都在大力推行和支持国际投资仲裁，中国政府在2019年7月18日还向联合国国际贸易法委员会提交了《关于投资人与国家间争端解决制度可能的改革的意见书》，从中国国情出发，以期推动国际投资仲裁的进一步发展完善。

但同时我们应当看到，尽管中美没有直接的双边投资协定，但美国与其他多国之间存在贸易协议。据统计，美国目前与20个国家签订了自由贸易协议，与76个国家签订了贸易投资框架协定，[②]与51个国家签订了双边投资协议，[③]现行有效的双边投资条约有42个，[④]其中，除捷克、爱沙尼亚、马耳他、巴拿马、巴拉圭及塞尔维亚6国，其他国家均同意以ICSID的仲裁方式来解决双边的投资争议。[⑤]与此同时，由于税务筹划，行政审批和融资便利度等多个原因，中国企业在赴美投资前，往往会预先设立多层次的海外离岸公司，并通过这些离岸公司赴美投资。中国企业青睐的离岸公司注册地点往往正是那些与美国签署了具备投资仲裁条款的双边投资条约国或地区，比如开曼群岛、新加坡、中国香港、加拿大或澳大利亚等地。基于这些双边投资协定，中国投资者即获得了通过国际投资仲裁主张救济的可能性。

---

① 载 https://unctad.org/en/PublicationsLibrary/diaepcbinf2020d6.pdf，最后访问时间：2020年8月25日。

② 载 https://ustr.gov/index.php/trade-agreements，最后访问时间：2021年4月3日。

③ 载 https://icsid.worldbank.org/resources/databases/bilateral-investment-treaties，最后访问时间：2021年4月3日。

④ 载 https://ustr.gov/index.php/trade-agreements，最后访问时间：2021年4月3日。

⑤ 载 https://icsid.worldbank.org/resources/databases/bilateral-investment-treaties，最后访问时间：2021年4月3日。

二、国际投资仲裁及国籍规划

作为解决国际投资争端的重要方法，国际投资仲裁，是指投资者基于其母国与东道国的双边投资协议（Bilateral Investment Treaty，BIT），就其与东道国的投资争议提交仲裁庭裁决的争议解决方式。中国、美国分别于1990年2月9日、1965年8月27日签署了《解决国家与他国国民间投资争端公约》(以下简称《华盛顿公约》)。

虽然中国和美国之间没有直接约定有投资仲裁条款的双边协定，但是中国投资者可以利用国籍规划，对美国的双边或多边条约进行选购，最终达到保护自己合法权益的目的。

事实上，中国投资人的传统出海路径本身就采取了：新设离岸子公司、契约式合作、战略联盟、海外参股以及海外并购等方式，由于国际投资落地在东道国，这种投资会受到东道国公共政策性质的法律法规与行政行为的约束。根据一般国际法原理，东道国对其本国国民享有属人管辖权，但当涉及外国国民时原则上应适用国际法规则。[①] 在国际投资法领域，非本国国民的股东可根据各国间国际投资条约的相关规定代替东道国的相关公司行使索赔请求权，[②] 这就为国籍规划留下了实践的空间。

国籍认定是国际投资仲裁的管辖权基础，但各国关于公司国籍取得的标准不一。各国签订投资条约的目的在于保障本国国民或法人在境外投资时的实体权利和正当程序，使本国的投资得以在东道国受到保护。投资者国籍是判断投资者是否可以根据自己的需要援引国际投资协议进而提起投资仲裁的重要标准。在国际投资仲裁的背景下，投资者的国籍认定依据各国BIT的约定存在两类情况：第一类是分别依据缔约国各自的国内法的相关规定来认定国籍，第二类是两国之间通过投资协议约定在进行国际投资仲裁时对于国籍的认定采用统一的标准。依据缔约国各自的国内法确定国籍是通常的做法，各国国籍的认定标准分为两类：（1）单一标准：注册地主义（也称登记地主义）、成员国籍主义（也称资本控制主义，由于实际控制人难

---

① 参见黄世席：《国际投资仲裁中的挑选条约问题》，载《法学》2014年第1期。

② 参见马敏：《国际投资仲裁中对人管辖权初探》，载《山西省政法管理干部学院学报》2016年第3期。

以确定且股东容易产生变动，该标准很少被采用）、住所地主义，如德国等。（2）复合标准。部分国家，如日本，采取双重标准或复合标准，在要求投资者依本国法律注册成立的基础上，仍需要登记注册的公司在本国有住所和营业活动。①

依据《华盛顿公约》提起国际投资仲裁的公司，需要符合双边投资协议中约定的国籍认定标准，且同时要满足《华盛顿公约》对于“缔约国国民”的要求。根据《华盛顿公约》第25条，“他国国民”通常是指具有东道国以外其他缔约国国籍的任何自然人或法人，但是，有些法人虽具有东道国的国籍，但事实上却归外国投资者控制，如争端双方同意，也可视同另一缔约国国民，享受外国投资者的待遇。此外，《华盛顿公约》并未对国籍进行额外的限制，因此中国企业只要满足第三国与美国的投资协议中关于国籍的认定，就可根据投资协议申请投资仲裁。美国与其他国家之间的国际投资协议中采用的国籍的认定标准将在下文的美国国际投资协议内容中一并探讨。

三、中国企业赴美投资仲裁国籍规划的可行性方案

基于中国投资者“走出去”的离岸公司大部分设立在了英国、维京群岛、开曼群岛、百慕大群岛、新加坡、中国香港、加拿大或澳大利亚等地，本文将重点分析这些离岸公司所在地与美国之间的双边协定内容，以及投资仲裁的管辖权基础。

首先，英国、维京群岛、开曼群岛和中国香港特别行政区现在并不具备对美投资仲裁国籍规划的管辖权基础。

美国与英国

美国与英国正就双边投资协议的签订进行磋商，尚未签订正式的双边投资协议。这样，作为英国海外领地的维京群岛、开曼群岛以及百慕大群岛因沿袭了英国的普通法和英国的对外法律关系而不具备向美国提起投资仲裁的国籍基础。

美国与中国香港

1997年7月1日香港回归后，作为中华人民共和国特别行政区的香港，无论是在承继以前的英国对外法律关系，还是在《中华人民共和国香港特别

---

① 参见张建:《国际投资仲裁中投资者国籍的认定标准探析》，载《长江论坛》2018年第3期。

行政区基本法》框架内的对美关系中，都不存在可以为投资者所利用的投资和仲裁保护的法律文书。

其次，在众多的中国企业海外离岸公司国籍中，新加坡、韩国、加拿大和澳大利亚因为已经与美国签署了双边或多边的投资协定，而具备了投资仲裁的管辖权基础。

因此《美国—新加坡自由贸易协定》《美国—墨西哥—加拿大贸易协定》《美国—澳大利亚自由贸易协定》《美国—韩国自由贸易协定》这四个美国的BIT条约就成为目前中国企业最应当仔细考虑、分析并选择的主要投资救济依据。本文也将对上述四个条约的内容进行横向对比分析，为中国企业基于以上四个协定申请国际投资仲裁的优势和劣势做一个国际法上的讨论。

（一）排除国际投资仲裁的贸易协定

1.《美国—墨西哥—加拿大贸易协定》中的《美国—加拿大贸易协定》

2018年11月30日，美国、墨西哥、加拿大三国领导人在阿根廷首都布宜诺斯艾利斯签署《美国—墨西哥—加拿大贸易协定》(以下简称《USMCA协定》)，用以替代《北美自由贸易协定》，《USMCA协定》于2020年7月1日正式生效。

根据该协定对国籍的认定标准，国民是指“具有缔约国国籍的自然人”，如下文所述，指每一方或一方的永久居民：（1）对于加拿大，加拿大公民；（2）对于墨西哥，根据其适用法律具有墨西哥国籍的人；以及（3）对于美国，指《移民和国籍法》中定义的“美国国民”。

《USMCA协定》中投资争端解决机制与传统的提交到ICSID进行国际投资仲裁不同，加拿大完全放弃国际投资争端的仲裁路径，除非另有约定，否则加拿大与美国、墨西哥的投资争端不得诉诸国际投资仲裁进行解决，只能诉诸国内法院或其他救济方式解决。

除此之外，早在2014年的《加拿大与欧洲联盟综合经济与贸易协定》中，加拿大就已经选择了投资法庭与上诉机构作为投资仲裁的替代解决机制，[①]表明加拿大支持以设立多边投资法院的方式而非国际投资仲裁来解决投资争端。

---

① 参见王燕：《欧盟新一代投资协定“反条约挑选”机制的改革——以CETA和JEEPA为分析对象》，载《现代法学》2018年第3期。

因此，即使中国企业在加拿大设立的子公司符合加拿大的国籍认定，根据《USMCA协定》，由于加拿大与美国之间并未同意就投资争端交付仲裁，中国企业不能通过国际投资仲裁获得救济，只能诉诸美国的国内法院或者通过外交途径解决。

（二）支持国际投资仲裁的贸易协定

1.《美国—新加坡自由贸易协定》

2014年1月2日，《美国—新加坡自由贸易协定》正式生效。根据该协定对国籍的约定，国民是指：（1）就新加坡而言，指其宪法和国内法所指的任何公民；以及（2）就美国而言，指《移民和国籍法》第三章所定义的美国国民。根据新加坡的《公司法》和《宪法》，新加坡采用登记地主义来确认国籍，即在新加坡注册登记成立的公司拥有新加坡国籍，中国企业可通过注册成立新加坡籍公司，获得投资仲裁中的国籍规划效果。

同时，该协定第八章第11条规定了利益拒绝条款，[①] 约定在下列情况下，缔约国可拒绝向投资者提供本条约规定的利益：

（1）企业由非缔约国国民拥有或控制，且东道国（i）与该非缔约国没有外交关系；或（ii）对该企业进行经济制裁，而给予条约下的利益将会违反这些经济制裁。

（2）企业在东道国领土内没有实质性的商业活动，且企业由非缔约国或东道国国民拥有或控制。

由于中国与美国之间仍保持着外交关系，讨论中国企业是否落入利益拒绝条款只需要考虑两个因素：（1）东道国是否对该企业进行经济制裁；（2）企业是否在东道国领土内有实质性的商业活动。

（1）东道国采取的经济制裁

经济制裁，指一国或数国对于特定国家、经济实体或企业采取的惩罚性措施，常见的方式包括：实施贸易禁运、中断经济合作、切断经济或技术援助、禁止交易等。若中国投资者在新加坡设立公司，美国对该中国投资者控制的新加坡公司进行制裁，根据《美国—新加坡自由贸易协定》第八章第11条的

---

① 利益拒绝条款是缔约国在国际投资条约中规定的，在某些情况下可以拒绝将公约利益给予缔约国某些投资者的条款，包括但不限于该企业由无正常外交关系的第三方投资者所拥有或控制，该投资者在东道国境内未开展实质性的商业活动。

利益拒绝条款，该新加坡公司因被缔约国采取经济制裁，美国可拒绝向投资者提供本条约规定的利益。因此，即使中国投资者设立了新加坡的公司，满足了新加坡国籍的要求，若美国总统发布行政令禁止与该企业及其关联公司进行交易，因为这种情形被美国排除在仲裁同意之外，中国投资者依然无法依据《美国—新加坡自由贸易协定》申请国际投资仲裁。

（2）实质性商业活动

所谓“实质性”或者“真实的”商业活动，应当是指那些依据法律要求最低的、在维持该公司必要存在行为之外的商业行为。比如，纳税、股东召开股东会等，均不能视为“实质性”商业行为，因为以上行为均为一个公司存在的法律最低要求。目前并没有一个清晰的标准来区分“实质性”和“非实质性”。在英国石油美国生产公司（BP America Production Company，以下简称BP公司）诉阿根廷案[①]中，仲裁庭肯定了BP公司在美国有实质性商业活动，但是未作具体分析。由于BP公司在美国有37000名雇员，在50个州都有办公室，仲裁庭给出这样的结论是很简单的。而在普拉马财团有限公司（Plama Consortium Limited，以下简称Plama公司）诉保加利亚案[②]中，申请人Plama公司承认，在其注册成立地塞浦路斯没有进行重要的商业活动，而仲裁庭也相应地裁决申请人在塞浦路斯“明显”没有“实质性”经济活动。

从目前公开的这两份裁决可以看出，仲裁庭对于所谓“实质性”或者“真实的”商业活动，并没有统一的判断标准。但我们可以总结出以下几点“实质性经营认定”的倾向性原则：

首先，公司从事的商业活动应当具有“实质性”，公司除了注册登记等公司的基本成立行为，还需要进行额外的商业活动。仲裁庭除了考察公司注册地的办公场所以及人员，还会根据税务、商事交易等是否存在商业活动的文书记录判断公司的日常经营活动是否属于“实质性经营”。

其次，实质性经营的判断标准遵循实质大于形式的原则。由于利益拒绝条款的目的在于将与缔约国无经济联系的空壳公司排除在条约保护的利益范畴外，所以国籍规划的离案公司与缔约国是否存在真实的商业联系是仲裁庭考察的重点，而该离岸公司注册成立的国籍规划地点所产生的实质经营成果

① BP America Production Company and others v. Argentine Republic，ICSID Case No. ARB/04/8.

② Plama Consortium Limited v. Republic of Bulgaria，ICSID Case No. ARB/03/24.

以及盈利情况并不是仲裁庭考察的核心。

在实质性商业活动的要求下，中国投资者通过在第三国设立空壳公司获得投资仲裁管辖权的可能性大幅降低，中国投资者的离岸公司必须在第三国开展了具体而又实质性的商业活动，才能就其因美国政策遭受的损害申请国际投资仲裁。对于在新加坡设立离岸公司的中国投资者，若其未被明确列为美国制裁的企业，且在新加坡开展了除维系公司存续外的商业活动，通过《美国—新加坡自由贸易协定》向ICSID申请国际投资仲裁仍是可行的救济途径。

2.《USMCA协定》中的《美国—墨西哥贸易协定》

不同于《美国—加拿大贸易协定》，墨西哥与美国之间投资争端仍可通过投资者与东道国争端解决机制来解决，但也对国际仲裁适用的事项进行了限定，具体体现在《USMCA协定》第十四章投资中的附件14-D“墨西哥与美国国际投资争端”中，该附件从两个层面对投资争端仲裁进行了限制，一是限缩了可诉诸仲裁的投资争端范围，明确将投资设立与取得、间接征收排除在可仲裁范围之外；二是规定了仲裁的前置程序，分别从当地救济与时限要求两个角度对仲裁程序的启动进行了限制，规定了用尽当地救济原则，要求提起仲裁前向东道国国内法院提起诉讼，并进一步要求在国内法院程序终结后或起诉之日起的30个月后方可启动仲裁程序。

同时，美国与墨西哥在第十四章第14条也规定了利益拒绝条款，规定下列情况下，缔约国可拒绝向投资者提供本条约规定的利益：（1）企业由非缔约国国民拥有或控制，且东道国对该企业进行经济制裁，而给予条约下的利益将会违反这些经济制裁；或（2）企业在东道国领土内没有实质性的商业活动，且企业由非缔约国或东道国国民拥有或控制。

与《美国—新加坡自由贸易协定》类似，由于中国与美国之间仍保持着外交关系，讨论中国企业是否落入利益拒绝条款只需要考虑两个因素：（1）东道国是否对该企业进行经济制裁；（2）企业是否在东道国领土内有实质性的商业活动。

若中国投资者在墨西哥设立公司，即使中国投资者设立了墨西哥籍的公司，因为利益拒绝条款的存在，如果美国对中国投资者以及关联企业进行制裁，根据《USMCA协定》第十四章第14条第2款的规定，该中国企业因被缔约国禁止与该企业进行交易的措施，美国可拒绝向投资者提供本条约规定的利益，中国投资者也无法利用其离岸公司申请国际投资仲裁。

若中国投资者未被明确列为美国制裁的企业，且在墨西哥开展了除维系公司存续外的商业活动，在向墨西哥法院起诉后无法获得充分的救济，可通过《USMCA 协定》向 ICSID 申请国际投资仲裁。

3.《美国—澳大利亚自由贸易协定》

2005 年 1 月 1 日,《美国—澳大利亚自由贸易协定》正式生效。

根据该协定规定的国籍认定，国民是指：（a）就澳大利亚而言，是指《1948 年澳大利亚公民法》中定义的澳大利亚公民或永久居民；以及（b）就美国而言，指《移民和国籍法》第三章中定义的美国国民或永久居民。《1948 年澳大利亚公民法》中，澳大利亚对于企业的国籍认定是登记主义，中国企业可通过注册登记设立澳大利亚企业。

同样地，该协定也在第十章第 11 条规定了利益拒绝条款，规定下列情况下，缔约国可拒绝向投资者提供本条约规定的利益：

（1）企业由非缔约国国民拥有或控制，且东道国（i）与该非缔约国没有外交关系；或（ii）对该企业进行经济制裁，而给予条约下的利益将会违反这些经济制裁。（2）企业在东道国领土内没有实质性的商业活动，且企业由非缔约国或东道国国民拥有或控制。

与前两个条约类似，因为利益拒绝条款的存在，如果美国对中国投资者以及关联企业进行制裁，中国投资者因美国的交易禁令而落入利益拒绝条款的范围中，无法申请国际投资仲裁。若该投资者未被明确列为美国制裁的企业，则可通过在澳大利亚开展实质性商业活动的离岸公司，向 ICSID 申请国际投资仲裁。

4.《美国—韩国自由贸易协定》

《美国—韩国自由贸易协定》于 2012 年 3 月 15 日正式生效。

根据该贸易协定，国民是指：（a）就韩国而言，指其《国籍法》所定义的公民；以及（b）就美国而言，指《移民和国籍法》第三章所定义的美国国民。

韩国的《国籍法》对于企业的国籍认定是登记主义，中国企业可通过注册登记设立韩国企业。同时,《美国—韩国自由贸易协定》第十一章第 11 条规定了利益拒绝条款，规定下列情况下，缔约国可拒绝向投资者提供本条约规定的利益：（1）企业由非缔约国国民拥有或控制，且东道国（i）与该非缔约国没有正常的经济关系；或（ii）针对该非缔约国或该非缔约国的人员采取措施禁止与其企业交易，而给予条约下的利益将会违反这些禁止性措施。（2）如果该企业由非缔约国或者东道国拥有或控制，且该企业在另一缔约国领土内没有实质性商业活动。在拒绝提供本章规定的利益之前，如果东道国知道企业在另一缔约国领土内没有实质性的商业活动，并且非缔约方或东道国的国民拥有或控制着企业，则东道国应在可行的范围内，在拒绝提供利益前通知另一缔约国。

因《美国—韩国自由贸易协定》与《美国—澳大利亚自由贸易协定》对于国籍认定与利益拒绝条款类似，中国投资者基于《美国—韩国自由贸易协定》提起国际投资仲裁的条件与限制可参考上文依据《美国—澳大利亚自由贸易协定》提起的国际投资仲裁。

从对美国现有的国际投资协议分析来看，英属维京群岛、开曼群岛、百慕大群岛以及中国香港特别行政区因未与美国签署国际投资协议，在这些地区设立的离岸公司因ICSID没有管辖权而无法申请国际投资仲裁。就上文分析的四个投资协议中，《USMCA协定》中加拿大直接排除了国际投资仲裁的救济途径，墨西哥、新加坡、澳大利亚和韩国在投资协议中均设有利益拒绝条款，美国可拒绝向被美国采取经济制裁的中国投资者提供投资条约中的利益。因此在美国制裁中国企业的情境下，中国投资者要依据上述四个投资协议针对美国提起投资仲裁有相当大的难度，仲裁申请很有可能因没有管辖权而被驳回。但对于那些没有被美国明确采取经济制裁的中国投资者，只要在新加坡、韩国或澳大利亚有开展实质性的商业活动，则依然可以通过对应的双边投资协定申请国际投资仲裁；而对于在墨西哥有开展实质性的商业活动的中国投资者离岸公司，在经过美国的国内司法救济无法获得充分的补偿后，亦可以申请国际投资仲裁。

四、仲裁庭对条约选购的态度

在解决了中国投资者通过国籍规划取得对美国提起投资仲裁管辖可能的国际法依据后，我们还有必要进一步分析仲裁庭对于因国籍规划对国际条约进行选购行为的态度。

在国际投资争议解决的语境下，条约选购通常是指，跨国投资者为了确保自身的利益得到最大限度的保护，通过在第三国新设或收购的公司对东道国进行投资，借此利用东道国与第三国之间的投资条约以获得保护，并依据该条约中的仲裁条款，将东道国引入国际投资仲裁程序的行为。[①]

利用跨国公司的组织结构“条约选购”问题一直引起广泛讨论，在某些案件中，投资者是利用东道国签订的国际投资条约而非真正从事投资活动的空壳公司，存在滥用仲裁程序之嫌，仲裁庭在不同个案中对于该类公司裁决意见不统一，[②]笔者通过总结归纳仲裁庭对于条约选购案件的态度来探讨中国企业进行国际投资仲裁得到仲裁庭支持的可能性。

（一）支持条约选购的案件

在以下案件中，仲裁庭倾向于尊重国家之间国际投资协议的文本，认为双边投资协议未禁止当事人条约选购的行为，当事人行为符合投资协议的约定，支持了投资者的国籍规划行为。

案件 / 案号	基本案情	各方意见		
		申请人	被申请人	仲裁庭
Tokios Tokeles v. Ukraine[③]/ ICSID Case No. ARB/02/18	申请人是一个根据立陶宛法律成立但是几乎完全由乌克兰国民控制的企业。	乌克兰—立陶宛 BIT 对立陶宛投资者的定义是“任何根据立陶宛法律和规则在其境内成立的实体”，申请人符合该条件。	申请人是完全由乌克兰国民控制的企业，不是立陶宛的“真正实体”，仲裁庭应当根据“成员国籍标准”裁定没有管辖权。	根据两国双边投资协议中投资者的定义，申请人是适格的投资者，该公司在两国 BIT 生效之日的 6 年前就已成立，其在立陶宛设立和运营的事实已有相关法律进行确认，该公司并没有隐瞒自己身份的意图，其成立子公司的目的并非利用有关 BIT 对乌克兰政府提出仲裁请求，因此仲裁庭享有管辖权。

① 参见徐树：《国际投资仲裁中投资者的“条约选购”问题研究》，载《国际经济法学刊》2013 年第 2 期。

② 参见吴迪：《国际投资法中的条约选购问题研究——以国际投资仲裁为视角》，载《中国商论》2018 年第 7 期。

③ Tokios Tokeles v. Ukraine, ICSID Case No. ARB/02/18.

续表

案件 / 案号	基本案情	各方意见		
		申请人	被申请人	仲裁庭
Aguas del Tunari, S.A. v. Republic of Bolivia[①]/ ICSID Case No. ARB/02/3	申请人是一个根据玻利维亚法律成立的法人，荷兰—玻利维亚 BIT 规定的投资者定义包括“在东道国注册被其他国家国民控制的法人”。申请人在 1999 年 12 月通过资产重组转移 55% 的所有权给一家荷兰公司而改变了其股东所有权结构。	其在玻利维亚注册且受荷兰国民控制，具备荷兰投资者身份。	玻利维亚政府认为该公司只是一个空壳公司，申请人滥用仲裁程序，申请人进行资产重组的目的在于借助荷兰—玻利维亚 BIT 提出仲裁请求。	仲裁庭认为，申请人在转让股份时根本无法预见到玻利维亚政府会单方终止协议，故本案所进行的资产重组行为并不构成对公司法人人格的滥用或违背善意原则，仲裁庭享有管辖权。
CME Czech Republic B.V. (The Netherlands) v. The Czech Republic[②] /UNCITRAL Case	Launder 先生通过申请人对 CEDC 公司实现控股，Launder 先生为美国公民，申请人是依据荷兰法律设立的荷兰公司，Launder 先生为申请人的控股股东，申请人为 CEDC 公司的控股股东。	申请人是基于荷兰法律设立的合法企业，可依据荷兰—捷克 BIT 申请国际投资仲裁。	Launder 先生是申请人的控股股东，Launder 先生已经根据美国—捷克 BIT 向伦敦仲裁庭提起国际仲裁，申请人的仲裁申请是对程序的滥用。	当事人可以在东道国法律框架内寻求保护，荷兰与捷克 BIT、美国与捷克 BIT 以及联合国的条约均为捷克国家法律的一部分，当事人可以依据任一条约维护自身正当权益，因此申请人可根据荷兰—捷克 BIT 提起仲裁申请。

① Aguas del Tunari, S.A. v. Republic of Bolivia, ICSID Case No. ARB/02/3.

② CME Czech Republic B.V. (The Netherlands) v. The Czech Republic, UNCITRAL.

续表

案件 / 案号	基本案情	各方意见		
		申请人	被申请人	仲裁庭
Saluka investments BV v. The Czech Republic[①] /UNCITRAL Case	在英国注册的投资者野村欧洲公司在荷兰成立 Saluka investments BV（以下简称Saluka公司），Saluka 公司依据荷兰—捷克 BIT 提起仲裁请求，该 BIT 对投资者的定义为“任何根据荷兰法律成立的法人”。	Saluka 公司是依据荷兰法律合法设立的公司，可根据荷兰—捷克 BIT 提起国际投资仲裁。	捷克认为 Saluka 公司是其母公司野村欧洲公司的“纯粹代理”，野村欧洲公司最初拥有该捷克公司的控股权，在所谓的征收之前将其转移给申请人，其目的是想利用荷兰—捷克 BIT 提起仲裁请求。	仲裁庭裁定，唯一相关的考虑因素是申请人为根据荷兰法律成立的公司，申请人有权提起仲裁请求。尽管该公司是被野村欧洲公司控制的纯粹空壳公司，仲裁程序可能被滥用，但根据荷兰—捷克 BIT，缔约国已同意将该争端提交仲裁，基于当事人的同意，仲裁庭享有管辖权。

（二）反对条约选购的案件

在下面的案件中，仲裁庭以当事人条约选购滥用国际投资仲裁程序为由，拒绝行使管辖权。

案件 / 案号	基本案情	各方意见		
		申请人	被申请人	仲裁庭
Banro American Resources, Inc. and Société Aurifère du Kivu et du Maniema S.A.R.L. v. Democratic Republic of the Congo[②] /ICSID Case No.ARB/98/7	加拿大籍的公司与刚果政府签订了一个同意仲裁的协议，但加拿大当时并不是公约的缔约国。争议发生后加拿大公司将其股份转移给了其在美国的子公司，而美国为《华盛顿公约》缔约国，9 天后美国子公司提起仲裁申请。	根据《华盛顿公约》，申请人是适格的仲裁申请主体。	加拿大并非《华盛顿公约》缔约国，但美国是该公约成员国，加拿大公司转让股份的行为是为了提起投资仲裁。	仲裁庭认为，由于申请人母国美国与刚果之间缺乏同意将争端提交 ICSID 仲裁的协议，ICSID 行使管辖权欠缺形式要件，且申请人的架构重组行为发生在争议产生期，难以排除具有滥用程序规则的恶意，因此 ICSID 拒绝对本案行使管辖权。

① Saluka investments BV v. The Czech Republic, UNCITRAL.

② Banro American Resources, Inc. and Société Aurifère du Kivu et du Maniema S.A.R.L. v. Democratic Republic of the Congo, ICSID Case No. ARB/98/7.

续表

案件 / 案号	基本案情	各方意见		
		申请人	被申请人	仲裁庭
Phoenix Action,Ltd. v.The Czech Republic[①] /ICSID Case No. ARB/06/5	Phoenix Action,Ltd.（以下简称 Phoenix 公司）是一家在以色列成立的公司，由捷克自然人 Beno 全资控制。Phoenix 公司购买了在捷克成立的两家公司，而这两家公司由 Beno 的家人最终控制。Phoenix 公司援引以色列—捷克 BIT 提起仲裁，要求捷克对其购买的两家捷克公司造成的损害予以赔偿。	申请人是依据以色列法设立的合法企业，符合投资仲裁主体资格要求。	投资并非善意，Phoenix 公司是为了收购捷克公司专门设立的，收购两家捷克公司的目的就在于从以色列—捷克 BIT 中获益。	仲裁庭指出，为符合参与东道国经济的要求通过自由选择实施投资的工具以最大限度地满足国际保护的需要，国际投资者当然可以对其投资结构进行重组。但是一旦国际投资者认为损害投资的行为已经出现，其就不能修改组织架构以求获得东道国的保护。申请人所做投资行为的目的是利用现行的国际投资协议进行投资仲裁，并非从事经济活动。有关交易不是善意的投资行为，因此不能成为仲裁体制下保护的投资，仲裁庭拒绝行使管辖权。
Cementwonia “Nowa Huta” S.A. v. Republic of Turkey[②] /ICSID Case No. ARB(AF)/06/2	申请人是一家获得两家土耳其电力公司股份的波兰籍公司，股份转让（2003 年 5 月 30 日）发生在土耳其政府终止特许权协议之前的 12 天 。	申请人因土耳其行政行为遭受损失，有权依据波兰与土耳其 BIT 申请投资仲裁。	土耳其公司担心土耳其政府最终会单方面夺走公司的输电权，为保护这些权利就将其股份转移给	条约选购本身在原则上并非不被许可的行为，但是在某些情况下其是将一个纯粹的国内争端转化为国际争端加以利用的手段。鉴于公司股份转让和

① Phoenix Action,Ltd. v.The Czech Republic, ICSID Case No. ARB/06/5.

② Cementwonia “Nowa Huta” S.A. v. Republic of Turkey, ICSID Case No. ARB/09/12.

续表

案件 / 案号	基本案情	各方意见		
		申请人	被申请人	仲裁庭
			外国的家族公司，是滥用国际投资仲裁的表现。	实际终止与该公司特许权之间仅仅有 12 天时间，即使确实发生了股份转让，有关转让也不能被认为是善意的交易，而只能被认为是企图伪造国际管辖权的行为。那些目的不在于从事经济活动而仅仅是想获得国际仲裁管辖权的非善意投资不应该得到国际投资协议的保护。
Mobil Corporation, Venezuela Holdings, B.V et al. v. Bolivia Republic of Venezuela[①] /ICSID Case No. ARB /07/27	美国埃克森美孚公司通过一系列中间公司在委内瑞拉进行能源投资，在其投资过程中埃克森美孚公司决定对投资进行重组，通过在荷兰设立新的中间公司并由该公司取得投资的间接控制权。在发生投资争端后，在荷兰设立的中间公司以及由该公司控制的其他中间公司依据荷兰—委内瑞拉 BIT 提起投资仲裁。	申请人是依据荷兰法律依法设立的公司，可依据荷兰—委内瑞拉 BIT 申请仲裁。	通过公司重组来提起仲裁请求是对权利的滥用。	仲裁庭认为有关公司重组的主要目的似乎是通过荷兰与委内瑞拉提起仲裁请求而保护公司的投资免遭委内瑞拉国有化措施的不利影响，这种投资重组是权利滥用。

① Mobil Corporation, Venezuela Holdings, B.V et al. v. Bolivia Republic of Venezuela, ICSID Case No. ARB /07/27.

通过对前述案例的总结和分析，笔者认为：仲裁庭在认定条约选购行为时，主要采用以下三大原则对申请人的行为进行认定。

第一，条约选购的主观善意原则。投资人的主观目的对于条约选购行为的性质有着非常重要的影响。条约选购本身在原则上并非不被许可的行为，当条约选购的目的是用来保障将来可能出现的海外投资争端时，其可以被认为是战略性公司规划的一部分而被承认有效，正如 Aguas del Tunari，S.A. v. Republic of Bolivia 案中，申请人在转让股份时根本无法预见到玻利维亚政府会单方终止协议，因此不具备滥用投资仲裁的目的，属于正当的公司规划；当投资重组的目的是针对已产生的争端而试图创造国际投资的救济途径时，条约选购就是不可接受的，正如在 Cementwonia “Nowa Huta” S.A. v. Republic of Turkey 案中，申请人公司股份转让和实际终止与该公司特许权之间仅仅有12天时间，在明知土耳其政府会终止特许合同的情况下，该股权转让难以认定是善意的交易，在这种情况下条约选购是将一个纯粹的国内争端转化为国际争端加以利用的手段，是对国际投资仲裁程序的滥用。

第二，条约选购的实质性真实经营原则。申请人必须是在缔约国设立的真实开展商业活动或者对于投资有实质控制权的实体，并非单纯是为保障其关联公司解决海外投资争议的空壳公司。如果申请人的商事记录、税收记录过于空白，难以证明申请人的投资目的，容易被仲裁庭认定为滥用投资仲裁程序的手段。若申请人要获得独立的投资实体地位，必须开展除设立公司或维系公司存在外的商业活动，正如在 Tokios Tokeles v. Ukraine 案中，申请人在两国 BIT 生效之日的6年前就已成立，其在立陶宛设立和运营的事实已有相关法律进行确认，是在立陶宛具有实质性经营的商业实体。目前在中美关系恶化，美国制裁中国企业的大背景下，中国企业应多关注离岸公司的商业活动，在当地进行实质投资经营，以求争取通过美国与第三国的投资协议来保障自身投资利益。

第三，条约选购的国籍规划和经营活动的时间在先性原则。从时间点来看，在争端发生前后通过国籍规划选择对自己有利的条约以达到维护自己利益之目的结果会有所不同。投资者对投资重组所做的未来规划是被允许的，申请人在所谓的投资争端发生之前就已经完成投资重组和转换国籍的工作，则该类投资通常都能得到仲裁庭的认可，但是如果是在现有争端发生之前的最后一刻才获得的国籍，那么从“善意投资”的角度来讲，有关请求通常是得不到认可的，正如在 Banro American Resources，Inc. and Société Aurifère du Kivu et du Maniema S.A.R.L. v. Democratic Republic of the Congo 案中，申请人的股权转让架构重组行为发生在争议产生期，这种情况就难以排除具有滥用程序规则的恶意。这就意味着公司投资的安排必须发生在出现争端之前或者说是可以预见争端的发生之前，这样才能排除主观上恶意利用双边投资协议的故意，而在争端发生后再安排投资重组以通过一个便利国籍来获得有利的保护通常会被仲裁庭裁定没有管辖权。现已有越来越多的被申诉国家试图依据滥用权力原则确立此种管辖权限制，并试图据此为由要求仲裁庭驳回请求。因此，明智的投资者应当在一开始就尽可能早地对其投资做好安排，预先国籍规划和实质性经营活动的安排，以便能够选择提供最大限度保护的条约。

五、结语

中国企业对美投资因中美关系受到了不同程度的挑战，国际投资仲裁应当成为中国投资者为保护自己在美合法权益的重要法律手段。在新加坡、墨西哥、韩国及澳大利亚设有离岸公司的中国投资者应多关注投资行为的主观性、实质性和在先性，若投资行为是以投资发展为主要目的，对于那些发生在投资争议前，且该公司在当地开展了实质性的经营活动时，中国投资者可以通过《美国—新加坡自由贸易协定》《美国—墨西哥—加拿大贸易协定》《美国—韩国自由贸易协定》或《美国—澳大利亚自由贸易协定》向 ICSID 仲裁庭申请国际投资仲裁。

ICSID 仲裁庭对于争议发生前的早期条约挑选通常是予以认可的，但通过第三国与美国的投资协定申请国际投资仲裁的这一路径的可行性依赖于投资协定的具体规定。我们应当同时看到，《美国—新加坡自由贸易协定》《美国—韩国自由贸易协定》《美国—墨西哥—加拿大贸易协定》和《美国—澳大利亚自由贸易协定》均规定了利益拒绝条款，这一条款的设定对中国投资者申请投资仲裁造成一定程度的阻碍，若中国投资者明确被美国实行经济制裁，则中国企业欲通过国际投资仲裁获得救济难度会变得相当大。

因此，笔者建议中国企业若因美国经济制裁遭受损失时审慎选择国际投资仲裁，并继续探索美国国内法或外交途径等其他救济可能。但对于未列入经济制裁名单且在新加坡、墨西哥、韩国及澳大利亚设有离岸公司的中国企业，国际投资仲裁则是其必须认真考虑的救济路径。

国际工程争议评审“争议”适用之简评

林　立*

- **摘要**

　　工程争议评审制度（Adjudication）是源于英国而被广泛地应用于国际工程项目的争议解决机制，但作为评审制度适用的前提，如何界定“争议”是其中一个关键问题。并且，由于英国工程争议评审制度的设立初衷就是快速解决工程项目过程中的争议，因此一事一议显得尤为重要。2017版FIDIC合同中专门新增加了关于“争议”一词的名词解释，并详细设置了相关的争议解决程序规定。但需要注意的是，在具体适用FIDIC条款关于争议评审机制时，则还需要综合考虑其适用准据法的相关规定。

- **关键词**

　　工程争议评审　争议　英国法　FIDIC条款　评审决定　管辖权

Abstract: Adjudication scheme originally arise from the UK construction industry and nowadays used in international construction projects worldwide. It is notable that, as the pre-condition to apply adjudication scheme, the key question is how to define “dispute” . Moreover, as the original intention of the UK construction adjudication

---

* 林立，北京市君合律师事务所顾问律师。

scheme is to quickly resolve the dispute in the process of projects, it is particularly important to discuss one dispute by one dispute. The 2017 FIDIC conditions, which add new definition of “dispute”, provide very detail procedure of DAAB. However, it also need to consider, when applying the adjudication system under the FIDIC conditions, the applicable of law of the certain project.

Key Words: construction adjudication, dispute, English Law, FIDIC clauses, adjudication decision, jurisdiction

引言

在国际工程中，DAB/DB（争端裁决委员会 / 争端委员会）等方式是除了诉讼、仲裁之外较为常见的争议解决方式，而其中的工程争议评审（Adjudication）又尤为特殊。Adjudication 是英国法中的特有制度，最早出现在 20 世纪 70 年代后期的 JCT（联合合同委员会）的绿皮书和蓝皮书等系列工程合同中。而作为英国成文法下的工程争议评审制度则源自 Latham 勋爵的专题报告，该报告指出了“先付款，后争论”（“pay now, argue late”）的理念，其初衷就是能够尽快解决工程建设过程中的中期付款而暂时搁置其中存在的质量、延误等争议，避免因承包商的现金流出现问题而影响工程合同的履行，最终的目的则是确保工程的顺利完成。

因此，快速高效处理争议成为工程争议评审的一个重要特点。这一制度也是工程领域特有的替代性争议解决方式之一。该制度在英国确立并得以通过立法和司法予以实现。借鉴该制度，国际工程中也经常使用 Adjudication 来解决相关的争议。根据合同准据法的不同，Adjudication 的具体适用也会有所差异，因此，国际工程中对于适用 Adjudication 解决争议还有必要注意一些特定的条件。

一、对“争议”的界定

在国际工程中，Adjudication 解决的是合同双方的争议，而什么是“争议”，则是所有问题的起点。有争议才需要去解决，没有争议，自然就不涉及争议评审，乃至诉讼、仲裁等更进一步的争议解决方式。

英国普通法中对“争议”的界定也是经历了变化和发展。早期，在 Nuttal v. Carter[①] 一案中，英国法院认为只有在进入既定的程序后才会在当事人之间产生争议。但随后，法院又通过 Halki v. Sopex[②] 一案改变了之前对“争议”的界定，该案判决认为，“争议”一词应当符合通常的理解（common sense approach）。并且，在 John Mowlem v. Hydra–Tight[③] 案中，法院甚至还判决双方不能通过寻求对“争议”一词的限制意义的一致意见而排除一方提交争议评审的权利。最后，直到 2004 年，才由 Jackson 法官在 Amec v. Secretary of State for Transport[④] 一案中明确界定了用于判断双方当事人之间是否存在“争议”的七个标准，最终得以解决“争议”标准之难题。根据 Jackson 法官的阐述，这七个标准分别是：

（1）争议一词应按照通常的意思来理解；

（2）尽管争议一词使用通常意思来理解，但在特殊情形下仍需要根据已有的判例考虑争议是否存在；

（3）一方当事人通知另一方当事人有关的索赔事件并不当然立即构成一个争议；

（4）实践中，一项索赔请求未被对方当事人承认的表现形式可以是多样的；

（5）被索赔者对一项基于索赔请求引发的争议能够保持沉默的时间取决于具体案件的事实和合同的架构；

（6）一方当事人在给予对方的通知中限定了回复时间的，这一时间并不一定构成回复的合理时间；

（7）如果一方当事人提出的请求是含混不清的，或者是错误地界定请求，以至于无论是沉默还是明示的不予接受，对方都无法给予合理的回应，此时就可以构成一个争议。

另外，在 Cantillon v. Urvasco[⑤] 一案中，Akenhead 法官认为当一方主体申明的索赔遭到另一方的拒绝时，就构成了一个争议，并且，如果被索赔方

---

① ［2002］EWHC 400.

② ［1997］EWCA Civ 3062.

③ ［2000］Adj.L.R. 06.

④ ［2005］EWCA Civ 291.

⑤ ［2008］CILL 2564.

在一定的合理期限内没有就索赔给予答复也应被视为是对索赔的拒绝。当然，在工程实践中，一方拒绝回应另一方的索赔也是时常发生的事情。因此，在处理案件中还需要结合个案的差异和相关的事实来确定争议是否已经发生。而英国建设法则认为争议可以是当事人之间的任何差异。

结合到具体的国际工程项目，则还需要注意工程合同本身对于争议一词是否有相应的约定。比如，在 2017 版的 FIDIC 红皮书中，我们可以看到其中第 1.1.29 条规定的“争议”是指下列情况：

（1）一方向另一方提出一项索赔（这可能是本合同条件中所规定的索赔，也可能是工程师依据这些合同条件所做决定的事项，或其他事项）；

（2）另一方（或工程师）根据第 3.7.2 条（工程师的决定）拒绝全部或部分索赔；

（3）索赔方对此不予认可［根据第 3.7.5 条（对工程师决定的不服）或者其他事项，提出一份不满意的通知］，但如果另一方（或工程师）没有全部或部分地反对或答复该索赔，在这种情况下，如果争端避免 / 裁决委员会或仲裁员（视情况而定）认为这样做是合理的，则可构成拒绝。

可见，在 FIDIC 合同条件下，经由以上三步程序，双方之间才会发生争议。反之，就可能不是争议，后续的争议解决程序则将无法启动。

二、一个争议还是多个争议

就工程争议评审制度的适用，还有一个非常重要但却容易被忽视的问题便是工程争议评审的管辖权，如果没有管辖权，评审决定将会被认定为无效。而管辖权中有一个关键事项也就是评审员（Adjudicator）有权处理的是一个争议还是多个争议？

与工程仲裁不同的是，按照英国的 1996 年建设法案，工程争议评审的处理原则是“一事一议”，也就是说一次提交进行工程争议评审的只能是一个争议（a dispute），而不应该是多个争议（disputes）。其理由就在于工程争议评审制度是一种快速和便捷的争议解决方式，一事一议可以使得评审员集中精力快速解决所涉及的争议，如果是将多项争议事件一次性交由评审员同时进行处理，那么争议评审制度本身的运作机制和初衷就会受到影响。

当然，对于建设法案中关于争议一词的使用，理论上也有不同的观点。有人认为，现行建设法案中关于“a dispute”的用词并非真的就仅限于一个争议，因为《英国1978年解释法案》中也规定了除非合同中有相反的明确表述，单数词也包括复数含义，因此在没有相反意思表示的情形下，建设法案并没有阻止提交超过一个的争议同时进行评审解决。

尽管如此，实务中将单一争议提交评审解决仍然是主流观点和做法，并得到英国法院的认可。但随之而来的问题则是，怎么判断提交评审的是一个争议还是多个争议？

应当注意到，实务中对于如何界定单一性争议还会产生不同的观点和看法。这是因为工程项目本身的复杂性和综合性导致了争议的复杂性，相关争议所涉及的潜在问题的范围可能会比较广泛，这都导致界定争议的单一性产生一定的困难。一般认为只要一项索赔未被对方接受，那么“一个争议”就存在了。但是，具体到不同的实际，情况就会变得复杂。比如说，有关工程变更的争议和变更涉及的价款支付，可能分属于两个不同的争议，而有关工作范围变更涉及的支付争论，以及相关具体金额的争论，则可能属于一个争议。因此，对此类问题，有时候就需要结合实际情况来进行认定。

在英国普通法下，一方提交评审解决的是一个工程争议还是多个工程争议通常属于事实问题，由裁判者综合分析确定。为解决此类案件的事实认定，英国法院在Witney Town Council v. Beam Construction[①]一案中给出了以下基本方法和建议：

（1）当一方提出索赔或者主张，并明确或含蓄地质疑或拒绝接受时，通常会出现争议。

（2）存在于某一时刻的争论，在某一时刻可以转变成与它原来不同的东西。

（3）争端可以由一个问题或其中的任何数量的问题组成。然而，当事人双方之间的争议并不一定包括当事一方发起裁决时双方之间的所有争议；换句话说，当时所讨论的每一件事并不一定包括一个争论，尽管它可能这样做。

（4）在任何特定情况下的争议都将是一个事实问题，尽管事实可能需要解释。法院不应考虑到这一点，对当事人各方之间的争端做过分的法律分析。几乎每一个建筑合同都是一项商业交易，各方不可能广泛地考虑到，各方之间的每一个问题都必然需要另行提请裁决。

（5）裁决通知和转介通知不一定能确定真正的争议是什么，也不一定能

① ［2011］EWHC 2332（TCC）.

确定是否存在不止一个争议。我们不仅要看它们，还要看背景事实。

（6）根据适当的分析，有两个独立和明显的争议，除非当事各方另有协议，否则只能将其中一个提交给一名裁判。裁判如有两项争议交与他或她，则无权处理这两项争议。

（7）是否有一个或多个争议涉及对事实的考虑，如果两个或两个以上可论证的独立的主张或主张之间有明确的联系，很可能表明存在一个争议。一个有用的（如果不是不变）经验法则是，如果有争议的第 1 项主张不能在没有决定所有或部分争议的第 2 项主张的情况下做出决定，那么就建立了明确的联系，并指出存在唯一的争议。

同样，在工程合同中，适用争议评审制度本身也需要关注争议是否应当具备单一性的问题，以避免出现歧义和不同的理解。比如，基于法律适用的考虑，英国本土的一些工程合同中，通常也是约定只能将一个争议提交评审解决。

与之相应的是，2017 版的 FIDIC 红皮书新增加了“争议”一词的定义，并且其第 1.1.29 条在定义争议时，用的是“Dispute”而不是“Disputes”，其所针对的也是“a claim”。而且，2017 版的 FIDIC 红皮书第 21.4 条规定了，“如果当事双方之间发生一个争议，则任何一方均可将争端提交争端仲裁委员会作出决定（If a Dispute arises between the Parties then either Party may refer the Dispute to the DAAB[①] for its decision）”，同时，其第 21.4.1 条的标题也是“将一个争议提交给争议避免 / 评审委员会（Reference of a Dispute to the DAAB）”。

通过上述规定可以看出来，FIDIC 的表述和用语在涉及提交评审解决的工程争议时，用的都是单数“dispute”，而不是复数“disputes”。再加上 FIDIC 的起源和发展，以及英国工程法对 FIDIC 的影响，仅从字面上看，其似乎仍然是沿用单一性争议的态度，与英国法的规定相呼应。

但是，需要注意的是，在 FIDIC 第 1.2 条（解释）（b）款，其对合同用语的说明中又明确指出“单数形式的词亦包括复数含义，复数形式的词亦包括单数含义”[②]。从这个角度来看，2017 版的 FIDIC 对于“dispute”和“disputes”

① 2017 版 FIDIC 红皮书第 1.1.22 条：“DAAB” or “Dispute Avoidance/Adjudication Board” means the sole member or three members（as the case may be）so named in the Contract, or appointed under Sub-Clause 21.1 [Constitution of the DAAB] or Sub-Clause 21.2 [Failure to Appoint DAAB Member（s）]。

② （b）words indicating the singular also include the plural and words indicating the plural also include the singular.

似乎又没有进行本质的区分。虽然其设定用语的初衷不得而知，但至少在这一点上，FIDIC 似乎没有给出明确和坚定的态度，这就有可能导致在实务中具体适用评审制度解决工程争议的困惑。

因此，对于适用 2017 版的 FIDIC 红皮书的国际工程项目，可提交评审制度的争议应当是一事一议，还是多事并议，还需要结合具体的合同准据法、合同条款的具体安排以及各方的协商，并且不排除争议各方对此存有不同的观点和看法。

三、对评审决定管辖权的挑战

关于工程争议评审的管辖权（Jurisdiction），除了英国建设法的强制性规定外，更多的是基于合同意思自治，如同当事人双方选择仲裁作为争议解决的途径一样。英国建设法对此也持一贯的态度，规定工程争议评审员所做的决定（Decision）对当事人双方均具有约束力，一般持续到工程竣工之时，直至该决定被仲裁裁决或者法院判决所改变，或者争议各方另行就相关争议达成了一致的协议。

这一规定，在某种程度上也是将工程争议评审制度作为仲裁或诉讼的前置程序，据以先行解决工程争议涉及的技术、经济、管理等专业问题，而将可能发生的法律问题交由仲裁员和法官裁决。而在司法实践中，英国 TCC 法庭，上诉法庭以及上议院（现最高法院）基本上也都会维护争议评审员的决定，除非一方就评审员的管辖权提出成功挑战。

关于评审决定的效力在 2017 版的 FIDIC 红皮书中也有所体现。根据 2017 版 FIDIC 红皮书第 21.4.3 条的规定，争议评审委员会（Dispute Adjudication Board）的决定对双方均具有约束力，而不论任何一方是否依据本款对该决定提出了不服的通知。并且，业主还应当确保工程师也遵守该决定。[①] 紧接着第 21.4.4 条还规定，如果争议评审委员会已就争议事项作出决定，而任何一方在收到该决定后 28 天内均未提出不服通知，则该决定即成为终局的决定，对争

① The decision shall be binding on both Parties, who shall promptly comply with it whether or not a Party gives a NOD with respect to such decision under this Sub-Clause. The Employer shall be responsible for the Engineer's compliance with the DAAB decision.

议双方均有约束力。[①]

实务中，如果不服工程争议评审决定，那么一方就会针对该决定提起管辖权的挑战，而挑战管辖权的其中一项主要事由便是因为评审决定处理了没有争议或者多个争议的事项。对此，英国法院一般会较为通情达理，并且也会从商业角度考虑此类管辖权挑战和抗辩事由的合理性。

比如，在 Fastrack v. Morrison[②] 案中，法院认为建设法案下设定的权利是提交评审，如果争议是任何主张、索赔、议题、争论或导致争议的行动，提起争议评审的一方选择将其具体化为一项争议评审申请中的，则这些事项可以在一次裁决中处理。而也有判例有不同的观点，比如在 David McLean v. Swansea[③] 案中，法官 HHJ Lloyd QC 指出只有在各方一致同意的情况下，评审员才可以对同一合同下的一项以上争议同时做出裁决或对不同合同下的有关争议同时做出裁决。但也应当注意到，英国的司法实践中，对于评审员处理多争议事件的管辖权挑战并没有取得一致的意见，对于实践中涉及此类争议，仍不可避免地会产生异议和不同的处理结果。因此，较为务实和通常的建议是在提交或处理工程评审案件时，应当尽量避免同时处理多个争议事项。

再回到国际工程合同的层面，比如 2017 版 FIDIC 红皮书第 21.4.4 条规定，除非就该争议评审决定提出了不服通知，否则任何一方均无权开始仲裁。[④] 第 21.6 条还规定，对于评审委员会的决定（如有）尚未成为最终且具有约束力的任何争议，则应最终通过国际仲裁解决。[⑤] 再结合前面第 21.4.3 条和第 21.4.4 条的规定，这一方面肯定了争议评审决定的效力，另一方面也为进一步

---

① If the DAAB has given its decision as to a matter in Dispute to both Parties, and no NOD under this Sub-Clause 21.4.4 has been given by either Party within 28 days after receiving the DAAB's decision, then the decision shall become final and binding on both Parties.

② [2000] BLR 168.

③ [2002] BLR 125.

④ [Dissatisfaction with DAAB's decision], Except as stated in the last paragraph of Sub-Clause 3.7.5 [Dissatisfaction with Engineer's determination], in Sub-Clause 21.7 [Failure to Comply with DAAB's Decision] and in Sub-Clause 21.8 [No DAAB In Place], neither Party shall be entitled to commence arbitration of a Dispute unless a NOD in respect of that Dispute has been given in accordance with this Sub-Clause 21.4.4.

⑤ Any Dispute in respect of which the DAAB's decision (if any) has not become final and binding shall be finally settled by international arbitration.

的争议解决和救济提供了仲裁的途径。不过，这个也仅是FIDIC合同本身的内容，毕竟合同的约定并不能完全等同于法律的规定，结合到具体的国际工程项目，对于评审决定所涉及的争议是否单一性及其效力和管辖权的挑战仍然需要依据工程合同的准据法来做进一步的判断。

目前除了英国之外，澳大利亚、南非、新西兰、新加坡、马来西亚、中国香港等国家和地区都有类似的工程争议评审制度，在国际工程项目中，如果选择FIDIC合同条件或者其他工程合同条件，除了需要考虑合同本身的规定外，对合同准据法适用工程争议评审制度的相关规定也有必要进行一定程度的分析论证。

结论

综上，作为国际工程中常用的工程争议评审制度，其有关“争议”的界定，以及提交评审时的争议是否具有单一性都是至关重要的议题，并且具有先决性的意义，甚至直接影响到争议评审决定的效力。同时，由于实务中并无统一的观点，因此较为稳妥的做法是只提交一个争议作为评审决定需要解决的问题。

此外，在国际工程项目中，即使是使用诸如FIDIC等国际工程合同条件，也仍然应当注意合同本身的措辞以及相关的制度设计。而且，由于法定的工程争议评审制度并非通行于世界各地，因此，在具体的国际工程合同中，各方当事人还有必要结合工程合同本身的准据法提前做好预防措施。

征稿启事

《北京仲裁》由北京仲裁委员会/北京国际仲裁中心主办，主要刊登中外仲裁、调解、工程评审等与多元化纠纷解决机制相关的民商事理论性、实践性的论文或者介绍性文章以及符合前述范围的翻译文章。本出版物每年出版四辑，下设“主题研讨”“专论”“仲裁讲坛”“比较研究”“ADR专栏”“案例评析”“办案札记”等栏目。

编辑部热诚欢迎广大读者投稿，投稿前请仔细阅读以下注意事项：

1. 来稿应符合本出版物网站（www.bjac.org.cn /magazine/）的投稿要求及注释体例，并按要求写明作者信息、中英文题目、内容摘要、关键词等信息。

2. 来稿应严格遵守学术规范，如出现抄袭、剽窃等侵犯知识产权的情况，由作者自负责任。

3. 为扩大本出版物及作者信息交流渠道，本出版物已经委托博看网数字发行，并已被CNKI中国期刊全文数据库收录。凡向本出版物投稿的稿件，即视作作者同意独家授权出版其作品，包括但不限于纸质图书出版权、电子版信息网络传播权、无线增值业务权等权利，授予本出版物授予合作单位再使用、授予相关数据库收录之权利，作者前述相关的著作权使用费将由编辑部在稿酬内一次性给付。若作者不同意前述授权的，请在来稿时书面声明，以便做适当处理；作者未书面声明的，视为同意编辑部的前述安排。

4. 投稿方式：请采用电子版形式，发送至电子邮箱bjzhongcai@bjac.org.cn。如在两个月内未发出用稿或备用通知，请作者自行处理。

5. 所有来稿一经采用，即奉稿酬（400元/千字，特约稿件500元/千字）。

《北京仲裁》编辑部

图书在版编目(CIP)数据

北京仲裁.第116辑/北京仲裁委员会(北京国际仲裁中心)组编.
—北京:中国法制出版社,2021.11

ISBN 978-7-5216-2264-5

Ⅰ.①北… Ⅱ.①北… Ⅲ.①仲裁—司法监督—中国—文集
Ⅳ.①D925.7-53

中国版本图书馆CIP数据核字(2021)第225546号

策划编辑:马　颖
责任编辑:侯　鹏
封面设计:李　宁

北京仲裁(第116辑)

BEIJING ZHONGCAI(DI 116 JI)

组编/北京仲裁委员会(北京国际仲裁中心)

经销/新华书店

印刷/河北鑫兆源印刷有限公司

开本/787毫米×960毫米　16开　　印张/10.25　字数/168千

版次/2021年11月第1版　　2021年11月第1次印刷

中国法制出版社出版

书号 ISBN 978-7-5216-2264-5　　定价:39.00元

北京市西城区西便门西里甲16号西便门办公区

邮政编码 100053　　传真:010-63141852

网址:http://www.zgfzs.com　　**编辑部电话:010-63141826**

市场营销部电话:010-63141612　　**印务部电话:010-63141606**

(如有印装质量问题,请与本社印务部联系。)